普天之下・盡是好書

普天出版家族
Popular Press Family

用幽默代替憤怒的處世藝術

別讓不懂幽默毀了你

The Power of Humor

古羅馬思想家塞涅卡曾經寫道：

化解衝突的最好良藥，就是含有幽默感成份的機智。

遇到不如己意的事情，要當場發脾氣很容易，困難的是克制自己的怒氣，用幽默的方法說出自己的想法，用幽默的方式化解可能的衝突。機智幽默是人際互動的最佳應變智慧，千萬別讓不懂幽默毀了自己！

動不動就暴怒，跟別人發生衝突，不但無法解決問題，更會突顯自己的粗俗幼稚，真正有智慧的人，即使被激怒，也會選擇用幽默的方式化解可能上演的衝突。

塞德娜 編著

‧出版序‧

用幽默化解衝突的生活智慧

塞德娜

不隨意對人發脾氣，遇見爭執或意外時，不忘先反省自己，如此才能得到並看見屬於我們的快意人生。

大文豪高爾基曾經說：「假使過分認真嚴肅地看待人生，那麼人生就會枯燥乏味。」

的確，「人生」自古以來就是「這樣子」，不如意的事情佔了十之八九，因而面對不盡如意的人生，與其選擇用惡劣的情緒面對，還不如用幽默的心情因應。

英國作家查爾斯曾經說：「機智的舌頭往往比幼稚的拳頭，有更大的作用。」

的確，動不動就跟別人發生衝突，只會更加突顯你無法駕馭自己的「幼稚」，唯有機智和幽默的語言才是化解自己和別人衝突的最佳應變智慧。

有一天，美國喜劇女演員卡羅爾．伯內特搭乘計程車到表演場地。可是正當她跨出車門時，大衣後襬卻不小心被車門勾住了，就在同時，司機剛好踩下了油門徐徐前進，沒有察覺到伯內特正與車門搏鬥。

車緩慢地前進，也正慢慢地加快中，於是伯內特不得不跟著計程車跑了起來。就在這個時候，有位路人看見了，連忙跑到車前阻攔；司機見有人阻擋連忙停車，才發現伯內特正站在車門旁邊，還用力地拉扯著她的衣服。

司機見狀，連忙下車幫她打開車門。

「對不起，您沒事吧？」司機關切地問道。

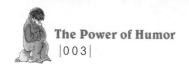

「喔，我沒事！但是，不知道我還要再付您多少車費呢？」只見伯內特氣喘吁吁地說道。

看完這個故事，不知道伯內特在你心中留下了什麼樣的印象？是有些呆頭，還是風趣得可愛？一句「還得付多少車錢」，我們也看出了伯內特的生活態度，她沒有像其他人一樣，大聲責難司機的不是，反而以幽默的態度面對一般人可能氣炸的事，其中的包容與寬大，想來是許多人缺乏的修養吧！仔細想想，如果換作是你，你會怎麼處理這個小意外呢？

在自我反省之際，再看一則和伯內特情況相反的例子，那是作曲家賈科莫．普契尼和義大利指揮家阿圖爾．托斯卡尼的一個小爭執。

這兩位音樂大師是樂壇中最著名的合作搭檔，不但交情匪淺，每年耶誕節前夕，賈科莫都會特別訂製一個大蛋糕給他的樂壇摯友。

但是，有一年的耶誕節前夕，賈科莫和阿圖爾不知道為了什麼原因吵了一

架，事後賈科莫還急匆匆地要收回送給老朋友的蛋糕。

只是，就在他與蛋糕店連絡時，對方卻說：「對不起，蛋糕剛剛送出去了。」

賈科莫沒有辦法，只好回家再想法子。

結果第二天，阿圖爾忽然收到了賈科莫的電報，上面寫著：「蛋糕錯送了。」

阿圖爾也立刻回敬說：「很抱歉，吃錯蛋糕了！」

兩份電報讓我們看見了兩位大師的眞性情，但也讓人忍不住思考，「是什麼樣的事，讓這段如此長久的友誼破裂呢？又爲什麼不能藉由這個送出了的蛋糕來化解衝突，而非得要索回蛋糕，讓情況變得更加惡劣不可？」

這兩個小故事，讓我們看見了兩種不同修爲的人。其實，生活中最重要的部份不在於個人的成就有多高，而是在於我們待人處世的態度。不隨意對人發脾氣，遇見爭執或意外時，不忘先反省自己，然後用幽默的態度面對，如此才能得到並看見屬於我們的快意人生。

反之，若是凡事都先責怪別人，小小的爭吵也老是掛記在心上，甚至任憑一時的情緒淹沒那段深交的情感，未免太傻了吧！就像兩個音樂家一樣，太過堅持自身感受與顏面的結果，最終換得的並不會是宣洩的快感，而會是越來越讓人「嘔氣」的不滿啊！

思考到這裡，聰明的你是否想到了化解的辦法呢？

古羅馬思想家塞涅卡曾經這麼寫道：「化解衝突的最好良藥，就是含有幽

默感成份的機智。」

其實，面對衝突，毫不畏懼的人，充其量只能稱做是匹夫，但是面對衝突，能不衝突，而且懂得運用機智和幽默來代替衝突的人，才是眞正有智慧的勇者。

本書要告訴讀者的，便是「用機智聰明處世，用幽默化解衝突」的人生智慧，但願對每位讀者都有所幫助。

本書《別讓不懂幽默毀了你》是作者舊作《用幽默打破沉默——人際ＥＱ篇》的全新修訂版，謹此向讀者說明。

PART 1 有自知之明，才能脫離困境

有自知之明才能脫離困境，即便今天不能有完美的表現，但接下來只要好好補強自己的不足之處，將來自有成功的一天。

PART 2

與其發怒，不如戲謔應付

權貴也好，強勁的對手也罷，看不順眼時，你可以想法子嘲弄一番，卻不必與他們正面相抗，更不要以生命作為代價去對抗。

PART 3

用智慧看待生活中的是非

聽見否定要虛心反省，聽聞誤解大可一笑置之。只要學會用智慧看待生活中的一切是非，再大的否決聲也敵不過對自己的肯定與自信。

PART 4

用幽默的方式展現自己的價值

幫自己爭取權利時，得聰明地援引、機智地比喻，要讓對方明白我們的實力與付出，更要讓他們心甘情願提高價格爭取我們的加入。

PART 5

改一改自己待人接物的姿態

你會發現身邊的人總是想躲開你嗎？又感覺到人們似乎不太服你嗎？那麼就把自己的氣焰收一收，也改一改待人接物的態度吧！

PART 6

懂得幽默，就能輕鬆溝通

很多遺憾萬分的事，都是起因於溝通不良，引爆點往往是微不足道的小事。如果幽默一點，看著自大自捧的人表演，也是一件有趣的事。

PART 7

用歡笑代替氣惱

碰到尷尬的情況，用不同的情緒去面對，就會有不同的結果，用幽默心情帶過，笑聲可以解決氣惱。

PART 8

幽默回應，可巧妙改變處境

與其軟弱地保持沉默、不知所措，或者不近人情破口大罵，倒不如巧妙改變自身處境，可以讓人輕鬆解決問題。

PART 1

有自知之明，才能脫離困境

有自知之明才能脫離困境，即便今天不能有完美的表現，但接下來只要好好補強自己的不足之處，將來自有成功的一天。

感覺不能和現實脫節

現實人生自然有著現實的一面，它絕不是虛擬的戲劇情節，並非有著固定的劇情模式，更沒有非此不可的劇情安排。

有一天，演員們正在劇院裡進行彩排，彩排過程中，導演似乎對一名年輕女孩特別有意見，多次指正她的缺點。

在這齣戲中，這個女孩扮演的角色是一名被拋棄的女子，導演不斷告訴她：「妳的表演方式太假了，一點真實感也沒有，一個被拋棄的女人是這樣的嗎？請妳原諒我的直接，可是妳根本沒有把全部身心都投入到這個角色中啊！聽好了，妳要認真體會出主角被人拋棄時的心情……」

導演一口氣說得太長，還先頓了一下，然後才補充說：「先想一想吧！想一想被愛人拋棄時的感覺，那時候妳的心裡是怎麼想的？」

沒想到女孩揚起頭，率性地回答說：「我會馬上再找另外一個。」

人說戲劇反應人生，當女演員率性地回應現實時，我們也明白了，無論戲裡戲外都要關照現實生活的那一面。

就像另一則戲劇中所表達的「真實影像」，那是一位攝影師的生活分享。

當時，導演正生氣地質問著攝影師：「等等，你為什麼要把這個場面處理成慢鏡頭呢？」攝影師說：「你看錯了，這怎麼會是慢鏡頭呢？這不應該是那個吝嗇鬼，準備從褲袋裡掏錢出來請客的標準動作嗎？」

因爲捨不得掏出錢，所以攝影師讓吝嗇鬼掏錢的動作畫面變慢，再對應著上一則故事中女演員的反應，我們會發現：「感覺不能和現實脫節，戲裡戲外都要觀照現實生活的層面，戲劇裡雖然有著無限的想像空間，也充滿了人們的夢想，然而最終我們都要回到現實的環境中，即使是表演者也知道，走出鏡頭，自己依然得活在現實的人生。」

看完了演員們的心得分享，你是否也有了另一番領悟呢？

現實人生自然有著現實的一面，它絕不是虛擬的戲劇情節，並非有著固定的劇情模式，更沒有非此不可的劇情安排。

因而無論面對的是人生困境或喜樂，走完今天後，我們都要告訴自己，明天會有新的生活問題，當然也會有新的現實觀感，所以我們要積極地迎向「全新」的明天，積極地尋找另一個幸福的機會。回到現實生活，看戲看得再癡迷，也不能遺忘眞實生命中的自己，所以，攝影師以「慢鏡頭」提醒著我們：「吝嗇鬼的掙扎雖然可笑，但是當我們嘲笑對方時，要注意自己是否也有同樣的小氣心態，別像故事中的主角一樣，得不到人們的認可與支持。」

有實力才能爭取到機會

我們想爭取地位或機會，就要對自己多一點要求，畢竟機會不會平白無故地奉送，他人也很難以捐助、奉獻的心，勉強自己來捧場。

某天，有位銀行職員對著一名演員說：「您好，雖然我是個銀行職員，但很不好意思的是，其實我已經有十年沒去劇院看戲了。」

沒想到這名演員也禮尚往來地回答說：「那沒什麼，我差不多也有十年的時間沒走進銀行了。」

順應著銀行員的內疚尷尬，演員也坦白地說出的自己窘況，沒走進銀行跟沒進劇院看戲這兩件事表面看似無關，但把因果關係串連起來，我們就會發現，正因爲人們不再走進劇院看戲，以致演員沒有收入，當然也就沒有理由再走進銀行了。

每個人都能感受到生活的現實與無奈，而許多表演者之所以可以把悲喜詮釋得如此精采，正是因爲他們對現實生活有更深刻的感受。

在表演過程中，他們會不斷想起生活的困境，也不斷想起生活中的快樂，只不過，也有人因爲始終離不開現實的心情，所以無法投入戲劇之中。

「你根本就是在胡鬧嘛！為什麼在這一幕突然放聲大笑呢？這一幕你是要詮釋一個瀕死的人，要表現一個人臨死前的心情狀態，怎麼……」在某次彩排過程中，導演對著演員怒吼道。

可是，沒想到這位演員竟回答說：「我認為這是最好的表現方法，因為就憑我每月的收入，死不正是我最美好的歸宿嗎？」

這個答案雖然帶著幽默嘲諷，但是我們仍然能從中感受到演員的怨懟情緒，也從中看出他的不專業。因爲身爲一位演員，戲裡戲外應該要分清楚，這才是一個專業表演工作者應有的態度、觀念。

要想爭取權利，有些時候要能點到爲止，若像這名演員這樣一再地脫軌演出，反而容易讓自己失去更多的表現機會，所以應該像以下這名演員一樣，才是高明的手法。

有一名雜誌社的記者冒冒失失地向一位歌劇女演員問道：「請問您今年幾歲？」

女演員說：「嗯，我一時間實在記不起來。」

「什麼？怎麼您連自己的年紀也記不住呢？」記者誇張地質問著。

「這有什麼好奇怪的，我一直都認為，我應該記住的是我有多少錢或有多少珠寶，因為它們可能會被人偷走；至於我的年齡，不管誰也偷不走它，不是嗎？」女演員平靜地說。

要爭取權利，不必以一句句「無可奉告」來推開問題，因爲我們很難抵擋人們的好奇心。

回應一句「記不起來」，再補充說明「我只記得我應該記住的事」，前後串連起來，我們也聽出了這位女演員的想法：「想爭取權利也要有專業的表現，我們得盡本分完成手上的任務，也要努力爭取每一次的表現機會，這才是我們往後為自己爭取隱私和權利的憑藉。」

再回頭探討之前故事中三個演員的情況，要怎麼求人們進場看戲，要怎麼爲自己爭取權利，又要如何維護個人的隱私，方法其實很簡單，就是「敲邊鑼」，拐個彎讓人們知道我們心中的想法或感受。

對久未走進銀行的演員來說，他期望著對方能再進戲院看戲，好讓他能再走進銀行；對賣命演出的演員來說，「臨死時」莫名的狂笑，笑的正是酬勞給付太少；在記者的膚淺問題中，女演員提醒他：「年齡對一個專業的演員來說從來都不重要，因爲只要演技夠好，演員可以從年輕演到老，更能讓老態的身軀重現年輕身影。」

換個角度說，我們想爭取地位或機會，就要對自己多一點要求，畢竟機會不會平白無故地奉送，他人也很難以捐助、奉獻的心，勉強自己來捧場。

有自知之明，才能脫離困境

有自知之明才能脫離困境，即便今天不能有完美的表現，但接下來只要好好補強自己的不足之處，將來自有成功的一天。

有一天，有個身材不高且看起來神色有些異常的人，畏畏縮縮地走進一間小商店，小聲地對老闆說：「老闆，我要買下您店裡所有的爛水果和臭雞蛋。」

「這樣嗎？您是不是準備要去看馬戲團裡那個新來的小丑表演呢？」老闆眨著眼睛問。

聽見老闆這麼說，買主忽然東張西望了一下，接著小聲地對老闆說：「噓，小聲一點啦！我正是那個新來的小丑。」

看完了這個小丑的「自知之明」，我們再來看看另一個蠻懂得「自嘲」的歌手的遭遇。

某天在公園裡，有兩位美國歌手正在談心，其中一位得意地回憶著：「回想起我第一次登台的盛況，連我自己都沒想到可以這麼成功。當時觀眾們獻給我的花束，可是多到足以讓我的妻子開間花鋪呢！」

另一位歌手也很神氣地說：「那有什麼，只不過能開間花鋪你就那麼滿足啦！我可神氣多了，想我第一次登台演出時，我的歌喉可是讓聽眾們聽得如癡如醉，結束後他們還送給了我一幢房子呢！」

同行的朋友懷疑地說：「房子？太誇張了吧！怎麼可能？我不相信。」

「是真的，他們確實送了我一幢房子，我還不能拒絕呢！因為當時他們全都人手一塊磚頭地往台上扔呀！」

能笑看過去，想來那些糗態往事早已遺忘了，而且正因爲能走過那個最困窘的時候，歌手才能成爲大師級人物，才能與身邊的歌者笑談過去一切。

就好像第一則故事裡的小丑一樣，他坦承自己便是人們嘲笑的丑角，但這其實也代表著他仍執著於工作崗位上；他知道自己會成爲人們宣洩的目標物，也清楚人們的心理喜好，更知道自己將以最精采的表演讓人們捧腹大笑，或以最妙的醜態來娛樂大家，讓觀衆們能達成「宣洩情緒」的目的。

無論那些自嘲的意義是什麼，都有正面的意義，因爲最重要的，不是逃避、遮掩自己的不足，而是坦承自己確實還有成長的空間。

有自知之明才能脫離困境，即便今天不能有完美的表現，但接下來只要好好補強自己的不足之處，將來自有成功的一天。

聽冷嘲熱諷來修補自己的缺縫

冷嘲熱諷的話語任誰聽了都不舒服，不過我們若能心平氣和地聽，了解話裡的不滿和嘲諷，就能發現我們需要補強的不足之處。

曾有一名美國歌手到拉斯維加登台演出，唱完第一遍後，得到了十分熱烈的掌聲，有人甚至還對他喊道：「再唱一遍！」

所以，他唱了第二遍，但沒想到就在他唱完第二遍時，這個聽眾又要求他再唱一次，於是他唱了第三遍、第四遍……

最後他累得精疲力竭，不得不氣喘吁吁地問那個聽眾：「朋友，你真的這麼喜歡這首曲子嗎？你到底要我唱多少遍呢？」

那名聽眾回答：「直到你唱對為止。」

當人們要求你唱一遍又一遍時，我們便要懂得自省。這名歌手的經歷雖然可笑，卻值得我們警惕。

仔細想想，我們是不是也曾被人一再要求修正某件事情或某個動作呢？那時，我們是選擇反省自己，並謙虛地請教對方，請他明確指出自己的錯誤，還是像某些人一般，總是埋怨對方有心爲難，甚至否定人們的好心叮嚀？

將眞心建言聽成了有心反對，把誠意批評當成了惡意針對，若是如此，我們還能有多少進步空間？

有一位歌手對朋友吹噓著：「你聽了我昨

天的演唱嗎？我的聲音是不是很宏亮呢？甚至連那個劇場都容納不了我的聲音呢！」

他的朋友是這麼回答的：「是啊！雖然我沒聽到你的聲音，不過，卻看見觀眾們為了能讓你的聲音有足夠的空間，只好一個個離開。」

冷嘲熱諷的話語，任誰聽了都不舒服，不過，我們若能心平氣和地聽，了解話裡的不滿和嘲諷，就能發現我們需要補強的不足之處。

只要懂得自省，壞話也能成就出一段佳話。

若是看不見自己的缺點，也要能「聽見」你的缺陷，當人們明白指出「你得唱到對爲止」，也清楚告知你的歌聲宏亮是因劇場裡空蕩的現實時，何不靜心反省自己，仔細檢討自己要如何修正腳步，好讓人們的否定能早一點改口爲：「請再唱一次，因爲實在太好聽了！」

我們可以把人們的嘲諷轉化爲生活的力量，用來激勵自己；當聽見別人的批評時，更不要只知憤怒而不知反省。

不管是面對別人善意的建言或惡意的嘲諷，都要好好省思。若是省思後發現別人的批評並非事實，那就一笑置之；若是發現別人的批評確實屬實，就得趕緊改正，如此一來，旁人的嘲諷自然會變成推動自己前進的力量了。

預留空間，就能輕鬆應變

如果計劃常常跟不上變化，那麼我們就隨時保持備戰狀態，讓計劃預留多一些空間，好讓問題發生時能輕鬆應變。

某天晚上，小鎮裡將有一齣戲劇要上演，而且劇中還有一場英雄跌入河中的戲碼。按彩排的要求，當這名英雄進入後台後，控管音效的工作人員便要立即播放潺潺的流水聲，以示英雄已經落入水中。

但是，正式表演時，這個音效人員卻不知道怎麼了，竟然在關鍵時刻出差錯，忘了這一個流程。於是台上的演員們著急地暗示著，更有人使勁地敲著舞台，但流水聲始終「流」不出來。

這時，演員該說的台詞都已經說了，就等流水聲後再繼續，但問題是始終等不著流水聲，因而台上登時一片寂靜。

就在大家尷尬不已的時候，忽然，後台傳來了該名音效人員的聲音：「我的天哪！河水完全凍結了！」

原來是音響故障了，工作人員只好想個辦法化解危機，至於方法，就是告訴大家河水結冰了，所以聽不見流水聲。

如果你像音效控管員一樣碰到這個情況，你是否能以相同的機智反應解除眼前的危機？

雖然這個解決的辦法有點無厘頭，但是未嘗不好。

我們都知道，舞台上，聲音與肢體動作是最重要的，而音效更是加強戲劇效果的重要配角，要是少了水聲、少了風聲，只有對白和肢體動作，就容易讓戲劇張力變弱，也讓觀眾少了進場的意願。

正因爲是現場表演，沒有修片或重拍的機會，因而無論是幕前的表演者或後台的工作人員，都得培養出絕佳的應變能力。

在另一個舞台上，整齣戲達到了高潮，敵人就要被主角擊斃了。這時，只見主角扣下了扳機，但是沒想到主角手中的槍居然出了狀況，現場一片寂靜，根本聽不到槍聲。

為了掩飾這個尷尬，主角再次舉槍射擊，但還是聽不見槍聲，這時台下的觀眾立即一片譁然。台上的演員們一時間不知所措，這時扮演敵人的演員急中生智，只見他慌張地抬起了腳，然後狠狠地朝著主角踢去，接著他倒臥在地上，並用微弱且吃力的聲音對著主角說：「靴子……原來靴子裡……有毒，我……我真的不行了……」

這種演出是不是讓人想拍案叫絕呢？

看過了表演工作者們的機智表現，想必有人也得到了不少啓發吧！

在日常生活中，我們經常會碰上突發狀況，只是有些人一遇到突然的麻煩，便手忙腳亂了起來，心情慌張的根本穩定不下來，臨場反應不足，更別提是否還能靈活變通了。

「聽不見槍聲，就換個方法倒下吧！」這是故事中的演員們分享的表演經驗，換個角度說，遇到突發狀況時，別被意外所困。

若大石忽然從天落下，阻擋了我們的去路，那就冷靜回頭，另覓新的出路；如果工作忽然發生變動，那麼我們便要培養以不變應萬變的能力；如果計劃常常跟不上變化，那麼我們就隨時保持備戰狀態，讓計劃預留多一些空間，好讓問題發生時，自己能輕鬆應變，也輕鬆走過每一個難關。

別擔心，給自己多一點時間

對自己多一點自信，只要我們確認安全無虞，就要全力以赴；只要確信麻煩不再，那麼就要給自己多一點信心，向前邁進。

在某個拍攝現場中，導演對著一名演員說：「你聽好了，下一個鏡頭應該是這樣的：就在你身後大約五十公尺處將會出現一隻獅子，然後牠會朝著你的方向慢慢奔來；最後，我會在牠作勢要撲倒你時喊卡。」

「是嗎？你確定牠聽得懂你的話嗎？不，導演！在此之前，能不能請您再好好地跟獅子溝通清楚？」演員緊張地說。

若是老想著擔心的事或煩惱著不必要的問題，再安全的保護措施，也會因為我們自亂陣腳，而變成英雄無用武之地了。

有部新片即將開拍，在片中，導演準備拍攝一個人與老虎一塊嬉戲的鏡頭，不過，演員卻拒絕拍攝。

「放心，你別怕啦！這隻老虎是人工養育出來的，牠可是吸吮著塑膠奶嘴，喝著牛奶長大的。」導演耐心地安撫著演員。

演員苦著臉，頗不以為然地回答說：「這能代表什麼嗎？我也是在醫院裡出生的，我也是吸著塑膠製的奶嘴、喝著牛奶長大的，我還不是照樣愛吃肉。」

事實上，是不是同樣吸吮塑膠奶嘴或

會不會吃肉都不是問題的重點，重點只在於你是否有決心克服恐懼。

這些故事很簡單，但寓意很深刻，其實很多人都像這樣，常給自己莫名的恐懼和無謂的擔心；常想著可能的「意外畫面」，卻不去想像「順利落幕」的情景。可是仔細想想，若老把擔心掛在心上，當然做什麼都不順遂了。

再看一次導演的解說，當獅子擺姿勢要撲倒演員時，導演就喊卡了，事情也會在那時候結束的；而人工撫養的解說是爲了要安撫人心，希望表演者能放心面對，並鼓起勇氣迎向前去，總之，這兩者都是爲了拍下最精采的畫面，也記錄下演員超越人生巔峰的時候。

笑看著這兩個膽小的演員，你有什麼樣的啓發呢？

對自己多一點自信，只要我們確認安全無虞，就要全力以赴；只要確信麻煩不再，那麼就要給自己多一點信心，向前邁進。當我們將前置作業都一一完成後，未來的事就交給未來去決定吧！

虛偽的禮貌只是令人想逃

再多笑容也隱藏不了虛偽做作。我們若不是誠心待人，當然也很難得到人們的真心相對。

有一天，佩庫陪國王一起出外打獵，但一整個下午他們只狩獵到兩隻鴨子。

國王看著鴨子，然後笑著說：「我晚上請你吃鴨肉吧！」

雖然國王這麼說，但是在晚餐前，卻這麼吩咐女僕：「今晚妳們給佩庫一碗蘿蔔就好，別放鴨肉。」

晚餐時，女僕果真只給佩庫一碗蘿蔔，碗內甚至連一丁點肉屑都看不見。但佩庫似乎一點也沒感覺，只見他每吃一口就會說一次：「這鴨肉真香！」

第二天一早，佩庫很開心地對國王說：「陛下，我知道有個地方的鴨子非常多，我看一枝箭大概能射中十隻左右吧！」

國王一聽，連忙問：「在哪裡？快帶我去！」

隨即，國王與沖沖地跟著佩庫前往。

然而一到現場，看見的卻是一大片蘿蔔田。國王不解地問：「鴨子在哪裡？你不是說有成群的鴨子嗎？」

佩庫說：「陛下，您昨晚請我吃的鴨肉不就是這個嗎？」

有心捉弄佩庫的國王，大概沒有料到最後竟反被佩庫嘲弄了。當然，這不過是單純的玩笑，彼此可以一笑置之，但若是別有居心地計較，恐怕就會令人非常不愉快了。

話說有位貴婦邀請一位小提琴手到她家作客，但表面上說是請人吃飯，事實上她只是想請樂手來場免費的演奏。

「親愛的音樂大師，到時候您可以用我家各種事物想一首代表曲子嗎？例如，當您看見床時可以用〈搖籃曲〉，來到浴室時，我想來道巴赫的〈加沃特舞曲〉應該挺合適的；至於呈上食物時，來一首〈詩人與農夫〉應該挺不錯的，還有……」婦人技巧地向樂手提出種種要求。

宴會當天，小提琴手因為答應了貴婦的要求，因而從一進門便開始就為各式各樣的人、事、物演奏主題歌曲，幾乎沒有停歇。

經過長時間的演奏，小提琴手已經累得精疲力盡了，但就在他剛演奏完這頓飯局的主題歌後，服務生又旋即呈上一杯表示感謝的熱咖啡，貴婦微笑地說：「非常感謝您！」

提琴手點了點頭，再度演奏了一曲德沃夏克的〈幽默曲〉；然而當他即將演奏到最甜美的那一音節時，琴聲忽然戛然而止。

貴婦立即板起了面孔，不高興地問：「你怎麼停在這麼重要的地方啊？」

小提琴手說：「夫人，那是因為咖啡不甜！」

爲了滿足貴婦的請託，小提琴手辛苦地構思、演奏婦人想要的樂曲，一路表演下來，小提琴手在最後也表達了他的心情。

咖啡不甜應是藉口，小提琴家停下音樂，是代表這是個「美中不足」的宴會。

因爲，對小提琴家來說，貴婦的感謝是帶有算計與企圖的，「貪圖」這兩字便可以完全否定她的邀請誠意。

換句話說，再多笑容也隱藏不了虛僞做作。

我們若不是誠心待人，當然也很難得到人們的眞心相對；就像上一則故事中的貴婦一樣，若是她只想到利用小提琴家，自然就無法聽到美妙的樂曲了。

能積極溝通，人際自然暢通

人和人之間只要能積極溝通，人際間的關係自然不會再被一些小事干擾、阻礙，人際間的糾紛自然會在幽默的笑話間消失殆盡。

在某次宴會上，有個愛唱歌卻沒好歌喉的女人執意要為大家獻唱一曲「我的肯德基老家」。

當她提出這個建議時，原本熱鬧的氣氛忽然變得很尷尬，人們臉上原來的笑容也登時消失，但在不得已的情況下，眾人只好苦著臉耐心聽完。

兩三分鐘後，歌曲總算結束了，婦人神情愉悅地向大家鞠躬；就在這個時候，現場有位老太太忽然大聲地哭了起來。

主人連忙上前安慰：「希爾太太別傷心，想來這首歌勾起您不少回憶吧？您是德州人嗎？」

老太太搖了搖頭說：「不是。」

「不是？那您為什麼如此難過呢？」主人不解地問。

老太太嘆了口氣說：「唉，我是學音樂的！」

檢討一下我們自己，是不是也曾像故事中的女主角一樣愛現，甚至不知道自己五音不全，不知道人們巴不得摀起耳朵好遠離魔音呢？

這則小小的幽默故事其實正表達出生活禮儀的重要性。不過，在細談禮儀之前，再聽個有趣的小案例。

在某座劇場中，一個新進的女歌手在唱完「如果我是一隻小鳥」後，便急匆匆地跑到台下，請教作曲家：「請問我唱得好嗎？」

沒想到，作曲家卻不捧場，反而惱怒地說：「假如我有一隻禿鷹，我一定會立刻把牠送給妳！」

當作曲家說出「禿鷹」時，女歌手想必也知道自己的成績了。

其實，在這個以唱歌爲重要娛樂的年代裡，在大街小巷中，無論我們走到哪兒，隨時都可以聽見各種歌聲，雖然其中不乏美聲派的，但大多數卻是驚聲尖叫式的「歌聲」，再加上還把音響開到最大，總是讓左鄰右舍苦不堪言。

勇敢一點的鄰居或許會微笑勸諫，但大多數人卻是滿腹牢騷、怒火，頂多是對著自家人大聲咒罵，然後讓問題繼續存在。事實上，這也是許多人在處理人際關係時，常抱持的消極態度。

所以在看完這兩則故事之後，喜歡大聲開著麥克風歌唱的人或自知五音不全的人，是否可以多注意，在你展現「自信」時，能否適可而止？

實力不足的人要有自知之明，別造成他人的困擾；相對的，當我們發現他人的缺點之時，也不應該刻意隱瞞或是暗地裡道人是非，因爲那無濟於人際之間的融洽與和諧。

其實，人和人之間只要能積極溝通，人際間的關係自然不會再被一些小事干擾、阻礙；只要我們肯耐心與人溝通，能多體貼別人的感受，人際間的糾紛自然會在幽默的笑話間消失殆盡。

跳脫刻板印象，自有更多想像

生活需要的不是死板的公式，不能只有單一的解題方式與答案；相反的，生活應該要像個調色盤，要能調出五彩繽紛的色彩。

有一天，作曲家的門被人大聲地拍打著，作曲家打開門，看見門外站著一個陌生的年輕男子。

這個年輕人發現出現的人不是他要找的朋友，連忙道歉說：「對不起，我想我敲錯門了，但不知道您認不認識羅西呢？他是一名工程師，我忘記他家的門牌號碼了。」

作曲家這麼回答說：「是的，羅西工程師的家比我家高兩個八度。」

所謂的職業病大約就像這樣，但換個角度想，這不也是一種生活趣味？特別是，對非我同行的朋友來說，能把自己熟悉但別人陌生的元素加進生活之中並與衆人分享，生活中的情趣自然多。

有個音樂家，在病危前對他的同事說：「在我下葬時，請一定要安排樂隊演奏。」

他的同事接著卻問：「好！不過，請問您想聽哪些樂章呢？」

也許這個故事原先是想嘲弄一下音樂人簡單的思考模式，嘲笑他們怎麼連應當選擇「送葬曲」的基本常識也不知，但是換個角度想，生活眞得照著約定俗成的規矩來進行嗎？

下葬時，來一首「晚安曲」又何妨？在這樣感性又溫馨的樂聲中，不也能充分表現出親友的思念？不也一樣能營造肅穆安詳的氣氛？

我們通常習慣用「既定」的印象來看一個人，可是若能跳出這個框架的侷限，就能碰撞出不一樣的有趣對話或聯想。

有位音樂家正和一位批評家在公園中散步。這時有一群小鳥飛來，接著停在枝頭上歌唱了起來。

批評家指著小鳥說：「牠們才是這個世界上最有才華的音樂家。」

忽然，有隻烏鴉大聲地啼叫出現了，音樂家就指著烏鴉說：「牠們正是世上最優秀的批評家。」

化解衝突的最好良藥，就是含有幽默感成份的機智。

動不動就爆粗口，和別人發生衝突，不但突顯自己弱智，也會讓人際關係越來越糟糕，唯有懂得運用機智和幽默化解衝突的人，才是令人稱讚的溝通高手。

批評家的讚美和音樂家的批評，顯示的正是兩個人的相識程度，當聒噪被用來比喻批評的聲音，其實正代表那是難聽但也是最優秀的，不是嗎？

縱合這三則故事，我們也得出了一個啓示：凡事不能單一地思考，因爲生活需要的不是死板的公式，不能只有單一的解題方式與答案。

相反的，生活應該要像個調色盤，要能調出五彩繽紛的色彩，如此我們才能擁有更多的想像空間，才能擁有豐富且充滿陽光與希望的每一天。

PART 2

與其發怒，不如戲謔應付

權貴也好，強勁的對手也罷，看不順眼時，你可以想法子嘲弄一番，卻不必與他們正面相抗，更不要以生命作為代價去對抗。

多觀察一點，才能識破虛偽狡詐

適當的懷疑並非壞事，對人多一點點提防，也多一點點觀察，我們才能阻隔那些虛偽巧詐的人，讓更多真心誠意的人與你我牽繫。

有個法律系的學生被安排到法院實習，碰巧遇上一件殺人案沒人審理，因而獲得審問罪犯的機會。

只見學生指著凶器問被告：「你見過這把刀嗎？」

被告搖頭說：「沒有！」

實習生見被告否認，為求慎重，反覆地訊問被告，不過被告始終堅決否認，直說：「沒見過！」

退庭後，實習生反省自己，總覺得表現不佳，「不對，一定是我的態度不夠嚴厲，缺乏威嚇的力量，明天我一定要表現出威嚴，才能鎮懾住對方。」

於是第二天開庭時，便見實習生緊皺著雙眉，並睜大了雙眼，然後拍著桌子厲聲問道：「說！你見過這把刀嗎？」

「見過！」被告低聲回答。

見被告承認了，實習生更加確定威懾力的作用果然重要，於是他又猛地拍了一下桌子，問道：「說！是什麼時間？什麼地點？」

「昨天！這裡！」被告顫抖地說。

很有意思的結果，所謂「威嚇」的功效大概就像故事中的情況，只不過被

告的答案令人啼笑皆非。

現在，我們再看一個類似的例子。

話說在另一個法庭上，有位法官大人問嫌疑犯：「你見過這把刀子嗎？」

「當然見過。」嫌疑犯說。

「這麼說，你認得這把刀子？」法官追問。

「是的，一連三個星期，您每天都把拿它給我看，我又怎麼會不認得它呢？」嫌疑犯一派輕鬆自在地回答。

兩則不同的故事卻有相同的答案，讀完後你有了什麼樣的看法呢？

或許，你是這麼認爲的：「故作威嚴，就能震懾對方，還能讓疑犯吐露眞言，這恐怕有待商榷吧？」

當我們走出法庭回到現實生活中，想起與人交流時所遇見的虛情假意，或是讓人嗤之以鼻的奉承恭維，其實不也和故事中的案例相似嗎？很多時候，我們不也難辨其中眞僞？

就像第一個例子，看似被震懾住的被告，到底是眞冤屈還是假畏懼，也只有他自己知道，要想從顯現於外的委屈面容看出眞相恐怕很難。

換句話說，想看見人們的眞心或是確實評判出對方的眞假，用威嚇的方式是行不通的。

那麼，要怎麼樣才能確信對方的心是眞誠的呢？

除了時間，還需要敏銳的觀察力和判斷力。不是人人都值得我們掏心掏肺，好比有些人看起來畏縮，並不代表我們可以輕忽鄙視，因爲一旦機會到手，他們也許比我們還敢拼搏。

反之，有些人看起來一派大方，也不代表我們能夠與之相互扶持、共享福禍，因爲除非事到臨頭，否則測不出對方的心眼到底是寬闊或狹隘。

人心難測，即使是再公正的法庭、再神聖的教堂，也無法探測出僞善者的心。因此，適當的懷疑並非壞事，對人多一點點提防，也多一點點觀察，才能阻隔那些虛僞巧詐的人，讓更多眞心誠意的人與你我牽繫。

輕輕反手，就能擊退對手

即使對手虛張聲勢地來挑戰，我們也無須挑起情緒對抗。輕輕反手，就能擊退對方；用輕鬆幽默的態度面對，便能讓穩站成功的地位。

有一天，鋼琴大師李斯特到克里姆林宮表演，但是當他開始演奏時，沙皇卻還在與人談話。於是，他忽然停止了演奏動作，沙皇見狀問：「怎麼不彈了?有什麼問題嗎?」

只見李斯特站了起來，謙卑地鞠了躬，然後說：「陛下說話的時候，小的理應保持緘默啊！」

聰明的李斯特沒有直言「肅靜」，而是以幽默的態度，要沙皇與他一同思考「尊重」兩字。當主角在說話時，一般人都會安靜聆聽，不插話、不私語，因爲多數人知道這是待人接物的基本禮貌；相同的道理，當李斯特開始讓鋼琴「說話」時，其他人是不是也該懂得尊重，立即讓對話聲停歇，安靜地聽一聽鋼琴怎麼「說」呢？

這是李斯特在故事中給人的機會教育，除了表達「尊重」的重要性外，還有更深的寓意：「如果有人無視於你的存在，或是有心挑釁時，千萬別用怒火反擊，而是要保持風度，用你的智慧找出最恰當的辦法，在扳回一城的同時，還能讓對手輸得心服口服。」

除了李斯特之外，美國女演

員班克海勒也曾有過類似的精采表現。

據傳，有位女演員對班克海勒的成就頗不服氣，常對人們說：「班克海勒有什麼了不起的，我只要一站上台，隨時都能搶走她的戲！」

班克海勒聽到後，只淡淡地說：「是嗎？那也沒什麼，我甚至人在台外也可以搶走她的戲！」

一番唇槍舌劍之後，終於讓她們等到一較高下的機會，或是說，終於讓班克海勒找到機會證明自己的實力了。

在那一次演出中有這麼一幕，那位誇下海口的女演員飾演這幕戲的女主角，她演出的角色必須全神貫注打電話，而班克海勒則扮一個一閃而過的角色，那個角色是女主角的一位親密好友，因為不想再與女主角閒聊，因而很快地便退場。在這幕戲中，她還必須表現出個小動作，就是在退場時，將手中半滿的酒杯隨手擱在桌上。

只是，人都退場了，她又怎能搶走女主角的戲呢？

其實，來搶戲的正是那杯香檳酒。原來，班克海勒退場時隨手將酒杯擱在桌子邊緣，還很不小心地讓杯底一半在桌面上，一半懸在桌外。

這個危險的畫面讓觀眾們看得出神，目光全集中到酒杯上，甚至還緊張得連氣都不敢喘，深怕一有風吹草動杯子便掉了下來，至於女主角在表演什麼，就沒有人去注意了。

事後大家才發現，原來聰明的班克海勒在杯底黏了一塊膠布，好讓酒杯能穩穩地懸掛在桌邊，久久不掉。

在這一幕中，沒有怒目相向，更無須口水爭執，一片小小的膠布就讓班克海勒贏得了勝利，僅憑這份機智巧思，便足以讓她穩坐一姐的地位了。

現實生活中，其實不乏高傲的挑釁者，不思考如何讓自己更加精進，只想著與人較量，老是以爲只要用蠻力便能贏過對手，殊不知自己才智不足，徒有過人勁力卻腦袋渾沌，始終施錯力量、打錯目標，最終仍是盤盤皆輸。

逞口舌之快不難，但是想眞正站在成功的頂峰卻不容易；要誇張自己的實力很簡單，但是我們都知道，吹噓出來的能力根本經不起一試，不是嗎？

換個角度來說，我們從班克海勒的身上，其實也得到了一個啟示：「只要自己有能力，就不怕人們否定的聲音，即使對手虛張聲勢地來挑戰，我們也無須挑起情緒對抗。只要冷靜應對，輕輕反手，就能擊退對方；用輕鬆幽默的態度面對，便能讓穩站成功的地位。」

用機智讓對手自己貶值

一般人除了貪小便宜外，也偏好以虛偽的裝扮現身，面對這種人，最好的應對方式就是發揮機智讓他們自己貶值。

約克是個出了名的吝嗇鬼，有一天他找來畫家傑西為自己畫幅肖像，還要求必須用炭筆作畫。

不過，這麼多的要求並非他已經決定要花錢買下畫作，因為熟悉約克的人都知道，他只懂得提出要求並強行佔有，若是有人執意要他付錢，他便會套關係、攀人情，硬是要對方將畫作免費送給他。

雖然熟知約克的為人，但不知道什麼原因，傑西這一次竟很爽地答應，甚至還提出意見，「來點不一樣的吧！」

約克一聽，開心地說：「當然好啊！麻煩你了。」

這幅作品很快就完成了，不過，約克接過手一看，臉上立即變色，只見他大聲斥喝：「這是什麼？怎麼只有背面呢？」

傑西冷冷地說：「像你這樣的人，哪有臉見人啊？」

聰明的傑西知道要對付約克這樣的小人並不容易，而且與對方爭執只是白費力氣，不如用畫筆來嘲諷回應，這是他最大的本事，也是唯一的武器，不僅約克沒有能力抵抗，他還能暢快地將不滿宣洩於出來。

這是畫家的生活智慧，也是他們經由不斷靈活思考而累積出來的機智，若是不夠明白的話，我們再看一例。

曾經有個富翁請畫家為他畫肖像畫，還開出了五千法郎的報酬，要求畫家務必要呈現最真實且完美的畫作。

畫家點頭答應，但是當作品完成後，富翁卻拒絕支付這筆錢，理由是：「你畫的人根本不是我。」

畫家莫可奈何，只好將畫作保留下來，心想，「或者再找機會賣了。」

過不久，畫家舉辦了一場畫展，現場還準備了不少待售的作品，其中有一幅被題名為「賊」，正是為富翁畫的肖像畫。

富翁的朋友發現了，連忙通知富翁，於是那名富翁萬分惱怒地向畫家表達抗議，但畫家只是面帶微笑，淡淡地說：「這件事與你有什麼關係呢？那幅畫根本不是你，不是嗎？」

富翁一聽頓時啞口無言，最後不得不以更高於原來的定價買下這幅畫作，而畫家也順勢地將作品名稱更改為《慈善家》。

一般人除了貪小便宜外，也偏好以虛偽的裝扮現身，就像故事中的富翁，企圖用錢來購買一個「虛假的自己」，讓人看出了他的虛榮和無知。

面對這種人，最好的應對方式就是發揮機智讓他們自己貶值。

在畫家的巧妙對付中，其實另有隱喻，仔細想想，若非如此應對，或許富翁始終都看不清自己，更不懂得什麼才是人生的價值。

再深入省思，故事中的畫家其實正提醒著我們：「何必在意表面的美醜真假？只要心能充實圓滿，無論你看見的畫面是什麼，都會是完美真實的。」

適時發洩，也是一種智慧

人不該老是企圖佔有，更不應該老是計謀著如何佔人便宜。萬一遇到勢利無知的人物，不妨試著發揮自己的智慧，適度地發洩發洩。

經濟情況不甚理想的義大利畫家皮德羅・安尼戈尼，當初被房東趕走時，曾忍不住回了一點「顏色」給房東，這故事至今仍讓人津津樂道。

事後，大畫家是這麼對朋友說的：「當房東決定要將我所租用的畫室賣掉時，我非常傷心，為了晚一點離開那個地方，我想出了一個好辦法。」

「你買了它嗎？」朋友問。

大畫家搖了搖頭說：「不是，當時我想如果牆上有幾條裂縫的話，那房子肯定不容易賣出去，因此我便在屋內畫了好幾條『裂縫』，其中又以從窗戶上面的天花板直通而下的那條最逼真。」

說到這兒，大畫家臉上露出了得意的笑容，接著又說：「沒想到，結果遠超出了我的預期，聽說房東等了近兩年的時間都還賣不出那間房子呢！所以，如果你們問我，所有作品中哪一個最傑出，那麼我的答案絕對是那幾條裂痕。」

這是許多名人都曾歷經的苦況，因爲太投入創作或研究的天地，因而忽略了財務危機。然而，有更多人在面臨現實時，總不忘樂觀面對，好像皮德羅·安尼戈尼偷偷爲屋舍加工的動作，看似苦悶的發洩，其實飽含著藝術家幽默看待生活窘況的智慧。

沒有苦求房東延緩，更沒有埋怨生活清苦，他只是拿起畫筆，輕輕在牆上一畫，然後微笑地看著自己的「傑作」，其中甚至還隱含著嘲諷的意味，嘲笑人們竟分辨不出「僞畫」的玄機。

或者，多數人眞是愚昧的，對於藝術甚至是人的價值衡量，始終離不開「錢財」兩個字，就像義大利音樂家帕格尼尼的一次偶遇。

有一天，帕格尼尼著急地招來一輛馬車，準備趕赴劇院演出，因為眼看就要遲到了，所以謙卑地拜託車夫趕路一下。

「請問這趟車程要多少錢呢？」帕格尼尼禮貌地問著。

「十法郎。」車夫大聲地說。

「十法郎，您不會是開玩笑的吧？其他車夫可不是這個價錢呦！」帕格尼尼驚訝地說。

「當然不是開玩笑，你想想，你只用一根琴弦拉琴，不也要向每個人收十法郎嗎？」車夫反問道。

帕格尼尼聽完，冷笑一聲說：「那好吧！我很樂意付你十法郎，不過，你也只能用一個輪子把我送到劇院，而且得快！」

讀到帕格尼尼要求車伕用「一個輪子」前進，再想到安尼戈尼在牆上畫的那幾條栩栩如生的縫，想必讓不少人會心一笑吧！或許正是這樣非凡的創意巧思，讓他們無論遇到什麼樣的事情總能巧妙應對。

除此之外，故事中的車伕不懂單弦演奏的難度，只以「價錢」作爲衡量，甚至以此評量、懷疑帕格尼尼的音樂成就，我們也再次看見了一般人對於「藝術」與「創意」的無知。

在生活中與人相交，無論對方是清貧窮苦，還是光鮮富有，我們都不該從他們的外表妄下評斷，因爲財富的多寡不等於一個人的價值，我們該注意、重視的應該是：他們是否很努力地生活？是否很用功地充實自己？

相對的，看見坐擁金山銀山的人，我們也不該心生質疑或嫉妒，因爲他們的成就始終是靠著自己的力量累積出來的，只要我們有本事，自然也能累積出相同的財富與成就。

人不該老是企圖佔有，更不應該老是計謀著如何佔人便宜。萬一遇到類似勢利無知的人物，不妨試著發揮自己的智慧，適度地發洩發洩。

用心溝通，自然能互敬互重

朋友間若能不嫉妒而是相知相惜，默契當然滿分，想同心攜手創造成功的未來自然就不難了。

名作曲家布拉姆斯和「藍色多瑙河」的作者小約翰・史特勞斯互相欣賞，對彼此都充滿著傾慕和欽佩。

有一天，兩位作曲家在維也納相遇，只見史特勞斯將簽名簿遞給了布拉姆斯說：「能不能請您幫我簽名呢？」

布拉姆斯微笑地接過本子，但卻在空白頁上先抄了幾小節「藍色多瑙河」的音符，再寫了這麼一行字：「很遺憾的是，這首曲子不是布拉姆斯的作品！」

這是則讓人感到非常舒服、溫暖的小故事。文中沒有相互嫉妒的心，充滿著的全是推崇與敬重的心意；再深一層地想，都已是大師級的兩個人相遇時，沒有較量的氣氛，只有「我明白你的好」的惺惺相惜，這樣寬大的器度和謙讓的處世態度，正是今天功利社會最爲缺乏的。

人人都渴望擁有「知音人」，也盼望能有「肝膽相照」的摯友，只是在我們安靜等待的時候，是否應該先想想自己是否也有布拉姆斯與史特勞斯互敬互重的氣度與雅量？

這一點指揮家卡拉揚和小提琴演奏家朱爾斯坦便表現得十分出色。

為了集中注意力，和感受到樂曲的微妙境界，卡拉揚和朱爾斯坦在指揮和演奏的時候，都習慣閉目表演。

不過雖然如此，這兩位天才音樂家同台演出時，彼此間的合作都相當有默契，聽眾們甚至還認為，指揮家和首席小提琴手之間有魔法般的感應能力，所以才能配合得如此出神入化。

有一回，人們問起朱爾斯坦為什麼要閉眼演奏時，他回答說：「我和卡拉揚彼此看不見更好，閉眼這個動作並不會讓我們出錯，因為音樂需要的不是眼睛，而是表演者的心，能心領神會就夠了。其實，我曾經在中途睜開眼過，不過，一看見卡拉揚仍閉著眼睛在指揮，我趕忙又閉上了雙眼，深怕破壞這個和諧、美妙的氣氛。」

跟著音樂家們閉上雙眼，想像自己也正坐在音樂廳裡聆聽，不知道你是否也感受到一股神奇的魔力呢？

閉上雙眼隔絕外在的干擾，的確更能進入音樂的情境中，不是嗎？

從這個指揮家和小提琴手的小故事裡，我們了解了用「心」溝通的妙處，也明白了「信任」的重要。

和心有靈犀的朋友相處，不必太多的指示，對方自自然然地知道我們想做什麼，而我們也知道接下來該怎麼配合他。

朋友間能相交到這一層實屬難得，若能不嫉妒而是相知相惜，默契當然滿分，想同心攜手創造成功的未來自然就不難了。

名人也有拒絕被騷擾的權利

藝術家或名人們也是平凡人，有自己的情緒和觀感，當然也有拒絕人們奉承迎合或攀附關係的權利。

奧地利作曲家卡爾・米勒爾某天收到一位富翁的邀請函，邀請函上是這麼寫的：「愉快的晚餐將於九點開始，在此之前，我的妻子將表演歌唱，並由我的女兒擔任鋼琴伴奏，因此，請您無論如何一定要光臨寒舍。」

卡爾看完了邀請函，隨即便在回條上這麼回覆：「感謝您的邀請，本人誠心接受。請放心，我一定會在九點準時出席。」

看了邀請卡上的內容，聰明的你應該也猜到，富翁的晚宴重點其實並非晚餐，不過是場宣揚妻女才華的飯局。

他所盼望的，想必是等著作曲家出席聆聽欣賞，最好還能給予一點讚美，不是嗎？

這一類情況想必不少名人們都曾碰過，所以面對人們的有心結交，不少名人總會巧妙地拒絕，一來免除不必要的應酬，二來則能避免得罪小人。

問題是，許多名人往往只會直言不諱，於是人們總說他們狂妄自大，如果個性內向不擅與人交往，便又被認爲性格怪異孤僻，好像卡爾．米勒爾一般，富翁收到回信時，大概不會欣賞他的幽默，而會忍不住怒斥他驕傲自大吧！

然而，藝術家的眞性情確實難改，因爲創作中若少了這份「眞」，作品便少了眞摯的情感。所以，像西班牙小提琴家沙拉薩蒂，他的解決辦法就更爲直接。

同樣具有作曲家身分的沙拉薩蒂，擁有許多樂迷，據說有好幾位崇拜他的貴族和富翁正想為他立一座塑像。

沙拉薩蒂聽說這消息，連忙向其他人打聽：「請問，建造這樣一座塑像要花多少錢啊？」

當人們告訴他相當於一萬個比薩斜塔的價錢後，作曲家吃驚地回答：「是嗎？那可不可以麻煩你告訴他們，乾脆讓我自己站到塑像的台座上，而且我只收一半的價格就好了。」

對沙拉薩蒂來說，藝術家的格調與架子不必拉得太高，因爲他們是活生生的凡人，一樣有現實生活的問題要煩惱，那些不實在的浮名或塑像，對仍活著的名人來說，實在有些可笑且不切實際。

再仔細省思沙拉薩蒂願用「活體」來換錢的寓意，其實他正想給人們一個提醒：「活著的人都吃不飽了，爲何要浪費錢養一個不用吃飯的假人呢？」

的確，何必浪費錢塑像呢？更甚者，我們若看仔細些會發現，大多數時候雕像上刻印清楚的名字，不是被塑偶像的名字，而是那一批批附庸風雅者的名字，這才是他們眞正的目的，不是嗎？

錢財不是衡量才華的標準，藝術家或名人們畢竟也是平凡人，也同樣需要溫飽；更重要的是，他們也有自己的情緒和觀感，當然也有拒絕人們奉承迎合或攀附關係的權利。

與其發怒，不如戲謔應付

權貴也好，強勁的對手也罷，看不順眼時，你可以想法子嘲弄一番，卻不必與他們正面相抗，更不要以生命作為代價去對抗。

越戰期間，美國影星普荷常常被派往越南前線勞軍。

有一回，他的老搭檔終於忍不住問他：「朋友，看你經常開總統、議員、州長或其他大人物的玩笑，可是怎麼從來都沒事呢？」

「你確定我沒事嗎？」普荷反問。

朋友點了點頭，沒想到普荷卻笑著說：「哪裡沒事？你想一想，不然我為何經常被派到越南勞軍呀？」

所謂爾虞我詐、勾心鬥角就是這麼一回事，人們想對付你通常不會直接表現出來，而是在背後用盡「巧思」。

經過普荷的明白點出，你應該也看出了其中玄機。看似「特派出國」的機會，根本就是對方軟硬兼施地折磨、捉弄，表面上給人一個風光禮遇的印象，暗地裡根本是想來個殺人不留痕跡，甚至還想唬人心生感激呢！

當然普荷並沒有被唬過，他反而更加藉由丑角的表演方式，嘲諷、戲謔那些大人物，而且他還懂得要拿捏分寸、及時抽手，沒激得「老虎」立即咬他一口。

走出複雜又黑暗的政治權謀，回到現實生活中，仔細想想，在我們身邊其實不難發現相似的人際運作。

換個角度再想，爲免被人欺負或陷害，我們應該懂得自保，更要學著冷靜應付，像什麼該說與什麼不該說都要能聰明取捨，畢竟在人們還無法做到眞正的公平與包容前，還是別逞強硬闖，才不會將自己弄得傷痕累累。

因此，要聰明地轉個彎思考，也運用智慧轉個彎說話，能擦邊球得分更能顯現出你卓越的技術呀！

就像德國哲學家叔本華在遇見權貴人士時，只是默默聽他們的對話，也只冷眼輕視他們的無知與虛偽，並沒有去戳破眼前的偽作和膚淺，這種低調的作風反而更值得我們好好學習。

有一陣子，叔本華在法蘭克福的某間旅館居住時，經常到旅館附近，一間英國軍官常光顧的小餐館裡用餐。

當時有位服務生發現，不知道為什麼，叔本華每次飯前都會把一枚金幣放在餐桌上，直到飯後才又把金幣收回自己的口袋裡。有一天，服務生忍不住問他：「先生，您為什麼要把金幣放了又收、收了又放呢？」

只見叔本華笑著說：「是這樣的，

我每天都會和自己打賭，只要那些軍官們哪一天不談馬呀、狗呀或女人的話，我就把這枚金幣捐給教堂。」

如果是你，你會直斥軍官們的膚淺，還是對他們冷嘲熱諷呢？

其實，想教訓人，不一定要當面把話說得清清楚楚，雖然有些人的確需要明白告知才能醒悟，但是大多數人只要轉彎暗喻就能讓他們明白。

無論是普荷還是叔本華，兩人碰到的情況雖然差異很大，但是其中傳達的旨意是互通的。

從他們的角度來看，生活不要滿腹怨懟，權貴也好，強勁的對手也罷，看不順眼時，你可以想法子嘲弄一番，卻不必與他們正面相抗，更不要以生命作爲代價去對抗。

換個角度想，我們若想得到對手的敬重與心服，不也要像叔本華一樣，留給人一點顏面、一條後路，若直接怒斥對方，對方往往回賞自己一個大巴掌，畢竟金剛怒目任誰看了也不舒服，不是嗎？

把別人說的壞話當好話

無論是給意見的人還是尋求建議的人，都要有一顆真誠的心。人和人之間本來就不該有任何對立或仇視。

某一天，科學家戴辛寄了一份自己創作的劇本給影星凱薩琳・赫本。赫本在看完劇本後，便立即回信給他。但是，當她坐到書桌前時，卻不知道該怎麼動筆比較妥當，只見她先是寫道：「親愛的戴辛先生，謝謝您送來這麼動人的劇本，非常感謝您。這劇本真的很有趣，只是……」

寫到這裡，她忽然停頓了下來，因為這些字句太虛偽做作了，於是她另外又拿出一張信紙，寫道：「親愛的戴辛先生，我很用心地看了好幾遍，但是，我實在不明白這劇本到底在說些什麼，實在亂糟糟的……」

赫本在這裡再次停了筆，隨手又抓了另一張信紙，第三次從頭寫起：「戴辛先生，我從來沒讀過這樣無聊而又令人喪氣的劇本……」

「不行！這樣太沒禮貌了！」赫本心裡想。於是，她又重新改寫：「親愛的戴辛先生，承蒙眷顧，不勝感謝，只可惜我工作繁忙，無暇抽身……」

「不行，不行，我怎麼可以說謊呢？」

赫本停下了筆，望著桌上散亂的回信發呆。

後來，她和朋友們談起這件事情，朋友問：「那妳最後怎樣解決？」

她說：「最後，我只好把那四張信裝進同一個信封裡，一起寄給他看。」

生活中，我們經常會遇到相似的情況，礙於情誼，也礙於人跟人之間的面子，說好聽一點是爲了避免再見面時的尷尬，說現實一點，其實是害怕自己得罪了人，因此每當他人徵求意見或是希望我們提出批評指教時，許多人總說得很含糊。然而，這樣的擔心會不會太多餘了呢？

其實，過分地轉彎、修飾答案，反而容易讓人產生誤會；反之，只要是誠懇地批評，並非存心找碴，眞正有心求教的人終會聽見其中的重點，也自然會明白你的心意。例如，俄國畫家伊戈爾在一次與女友約會的過程中，女孩便曾給了他一個很直接的心得感想。

那天，伊戈爾第一次把女朋友帶回家中，為了顯示自己的才華，便將自己剛完成的幾張素描拿出來讓女孩欣賞。

「不錯，不錯，這幾張作品和我弟弟的水準不相上下。」女孩肯定地說。

伊戈爾聽了非常開心，連忙對女孩說道：「是嗎？我居然不知道你弟弟也是位美術專家呢！」

女孩一聽，笑著說：「什麼美術專家？他只是個小學三年級的學生啊！」

先給讚美，然後再直接點出其中不足，這是伊戈爾女友的應答，也和赫本最後決定將四張信同時寄送給科學家的決定有著異曲同工之處。該怎麼說，又該在什麼時候說，全都經由安排巧妙地傳達，這些幽默字句讓聰明人的生活智慧全然展現。

其實，無論我們怎麼選擇說話的時機，也不管我們怎麼琢磨意見和字句，最重要的還是說話時誠誠懇懇的眞心。而且即便伊戈爾聽見的是嘲諷，但也若能謙虛自省，自然會看見自己創作的不足之處，這未嘗不是件好事，畢竟聰明人會因此積極修習，讓自己創作出更爲成熟的作品。

總而言之，無論是給意見的人還是尋求建議的人，都要有一顆眞誠的心。

人和人之間本來就不該有任何對立或仇視，更不該爲了一句眞心話而感到煩悶氣惱，何不換個角度想：「想有快樂生活、想更進一層樓，就把人們給的可怕批評視為好意建言吧！」

透過暗示，指出對方的不足

無須明確地指出答案，因為聰明人會在人們的暗示下找出自己的缺點，也看見自己真正的不足之處。

有一天，有位滿臉自信的年輕人出現在音樂家羅西尼的門口，手捧著兩本樂譜。他對羅西尼說：「是這樣的，有位指揮已經答應我要演奏這兩首交響樂中的一首，我想請您幫我聽一下哪一首比較好。」

年輕人邊說邊坐到鋼琴前，接著便叮叮噹噹地彈奏起樂譜上的音符，好讓羅西尼聆聽、挑選。

可是羅西尼才聽了幾個小節便有些聽不下去了，於是走到年輕人的身邊，迅速地將樂譜合起來。

然後，他拍了拍年輕人的肩膀，說道：「年輕人，不必彈了，我想還是另一首比較好！」

我們常說，年輕人志氣高昂是件好事，但是志氣高並不代表不必藏拙，在這則故事中，當年輕樂手捧著樂譜出現並請羅西尼幫忙挑選時，我們感受到的不是虛心求教的誠意，而是一種志得意滿的傲氣。

換個角度說，擁有機會，不代表從此就能平步青雲或是達到人生巔峰，當指揮願意給你機會表現時，我們應該先問一問自己：「我的實力足夠嗎？哪一首是我最有把握的？」而不是到處找人給意見。況且，一個好的樂手，並不需要到處挑選樂曲，因爲只要透過努力練習，無論哪一首歌曲都會是展現實力的最佳曲目。

當然，要修正自己的態度，我們就要學會聆聽他人的巧妙隱喻，就像羅西尼給年輕人的暗喻，也像義大利作曲家路易吉·凱魯比尼給學生的暗示。

凱魯比尼任教於巴黎音樂學院時，曾有位學生寫了一齣歌劇，請他在排演時給予批評指教。

凱魯比尼很認真地看完了第一幕，接著又耐心地看完第二幕，不過途中始終未發一語，這讓年輕的作曲家十分擔心。

「先生看得這麼專心，卻又沉默不語，這代表著什麼呢？」學生緊張地猜想著。後來，年輕人實在忍不住了，鼓起勇氣問凱魯比尼：「先生，您有什麼話要對我說嗎？」

沒想到凱魯比尼一聽見他這麼說，竟緊緊地抓住他的手，並親切地對他說：「我可憐的孩子，我能說什麼呢？我已經花了兩個小時仔細聆聽了，但是你卻什麼也沒說啊！」

這句話到底是在表達戲劇有缺點，還是想指正年輕人的自信不足呢？其實，無論話中是指戲劇表達得不夠清楚，還是說學生煩惱自卑得不敢提問，都無須明確地指出答案，因爲對方可以自己選擇任何一個適合的答案；因爲聰明人會在人們的暗示下找出自己的缺點，也看見自己眞正的不足之處。

若是劇本旨意不明，那麼不妨誠懇地請教大師問題所在，然後積極地修補其中的不足，讓「什麼也沒說」能成爲「短短一齣戲中，什麼都說了」。

若是自信不足的問題，那麼不妨再多給自己一點膽量，想聽人們的意見，便要能厚著臉皮積極討教，能聽見一句鼓勵便能增強一分自信；即便聽見了批評，也要自信地對自己說：「還好有老師的建議，讓我能及時做出修正，相信之後的正式演出會圓滿成功！」

活用幽默，才能讓人伸出援手

無論在多失意的情況中，都要自己力圖振作，只要我們活用幽默，人們自然會樂於伸出援手。

有個旅人獨自一人徒步旅行到了巴黎。一路上非常順利，不論到哪個國家或城市，幸運的他都得到不少陌生人的幫助。

然而，來到巴黎時他身上原本就不多的旅費至此用罄，連填飽肚子都成了問題，更別提今晚要住的地方了。

他滿臉茫然地在巴黎街上四處遊走，眼看夜越來越深，嘆了口氣：「沒地方睡覺，這可怎麼辦？」

就在他苦悶煩惱的時候，有個打扮妖嬈的女人走近他身邊，輕挑眼眉地對他說：「你，願不願意跟我一塊兒找個睡覺的地方呢？」

旅人一聽，心想：「我真是太幸運了，一路都有貴人幫助！」

他開心地點了點頭，直說：「當然好，謝謝妳啊！」

旅人滿心感動地跟著女郎走進一家旅館，總算舒舒服服睡個大覺了。

第二天早上，他非常滿足地醒來，還朗聲跟女郎道早安。女郎笑著回應：

「早啊！那錢……」

「錢？喔，不用了！錢我是不會收的。妳慷慨地收留我一晚，已經讓我十分感激了。」旅人客氣地說。

笑看旅人涉世未深的回應，不禁讓人懷疑，他眞是眞不知情，還是有心耍賴？但無論如何，這女郎始終是陪了夫人又折兵，因爲旅人身上的錢早花光了，想逼他掏錢付這一夜住宿費，包括一夜魚歡的代價，看來是不可能的了，眞要怪，女郎也只能怪自己「不懂識人」。

然而，若再從旅人的角度思考，其實每個人都會有需要幫忙之時，只是我們該怎麼做才不至於被人們否定，被斥爲耍賴？

再舉一反例來對照參考。

一名流浪漢向房東詢問：「請問，您這裡有房間要出租是嗎？」

「是的！」房東點頭。

那流浪漢又問：「不知道，原來住在那裡的房客是個什麼樣的人呢？」

只見房東憤憤地說：「哼，是個住了大半年也付不出房租，最後被我用掃把趕出去的傢伙。」

「很好，那我願意以相同的條件和對待搬進來住，可以嗎？」流浪漢說。

「……」房東無言以對。

想當然爾，房東是不可能答應流浪漢的提議的。

只是，像流浪漢這樣臉皮厚的人，在這現實社會中似乎還挺多的，好像常見的假殘障，他們裝哭假殘扮可憐，還會逼著我們伸手幫助，若是拒絕了，有人還會被斥責沒有良心。

一味只想得到人們的幫助，卻不思自己該怎麼付出的人，價值觀是受人質疑的。然而，就像第一則故事中旅人的情況，任何一個人在人生路上確實會有需要接受別人幫助的時候，這時若不能丟開面子問題，若不能低頭請求，一旦挺不過難關，不過是讓自己白白犧牲罷了。

我們不妨這麼思考，無論在多失意的情況中，都要自己力圖振作，只要我們不放棄，人們自然會樂於伸出援手。

其實，求援需要的技巧不多，除了活用幽默之外，更重要的是，當我們面對困難時是否有決心突破，是否能讓人相信，他們對我們的這份幫助不會白費？

只要答案是肯定的，終有一天，他們會看見我們成功走出難關，這就是對每一個幫助過我們的人最好的回報。

PART 3

用智慧看待生活中的是非

聽見否定要虛心反省，聽聞誤解大可一笑置之。只要學會用智慧看待生活中的一切是非，再大的否決聲也敵不過對自己的肯定與自信。

多從他人的角度看事情

在不確定的情況下，我們不能隨意歸納出結論，更不能輕易否定對方，若不能確實了解對方的情況與事實真相，也不要輕易給人意見。

有個畫家為一間教堂彩繪壁畫，作品完成時牧師前來視察，卻發現畫家竟把小天使的手指頭畫成了六根。

「先生，您什麼時候見過有六根手指頭的天使啊？真是亂七八糟！」牧師氣憤地質問。

畫家笑著說：「喔，我是沒見過啦！那您是否曾『親眼』見過有五根手指頭的小天使呢？」

儘管牧師皺著眉心，但卻啞口無言。

人和人之間的距離之所以會變遠，是因爲每個人總是站在自己的角度看對方，很少有人會站到對方的身旁，一同觀看事物，並用相同的角度來思考、評論。

當然，若從「常理」來做判斷，五根手指才算正常，然而若再從科學的角度來思考，世上不也有因爲基因問題而天生就有六指孩童嗎？

這裡，我們再從羅浮宮中的談話更進一步地討論。

在羅浮宮中，有兩位美國富翁正站在「耶穌降生」的圖前，其中一個人說：「唉，我實在無法想像，他們連最基本的生活條件都這麼差，到底要

怎麼活下去啊？你看，那孩子居然直接躺在乾草上，實在太可憐了。」

另一名富翁則說：「怎麼會呢？你不知道耶穌的父母親很富有嗎？」

「富有？」朋友不解地問。

「不然，他們當時怎請得起像緹香這樣的畫家為他們作畫呢？他的索價不是很高嗎？」富翁補充道。

在這則小故事中，富翁的思考與晉惠帝的「何不食肉糜」有著異曲同工之妙。他們只懂得從自己的價值觀去看待他人的世界，並以自己的想法去斷定別人的價值，至於關於畫裡的意境、關於現實世界裡的苦況，他們始終看不見也體會不到，所以晉惠帝的愚昧引發之後的八王之亂，而那名富翁的自以爲是也讓他鬧了個大笑話。

回到現實生活中，若是希望人與人之間能有良好的互動，期望彼此能有絕佳的合作關係，我們第一步要做的，便是多從別人的角度看事情。

畢竟他人的問題都著其特殊的背景和狀況，我們若不能深入了解事情的原委，只憑一己之見來論斷是非，不僅很容易錯判情況，還會解錯答案。

因此，在不確定的情況下，我們不能隨意歸納出結論，更不能輕易否定對方，若不能確實了解對方的情況與事實真相，也不要輕易給人意見。

此外，當人際關係出現了問題，就不能再站在自己的角度評論他人的是非對錯，而是要站到對方的位置上思考、剖析問題。如此一來，不僅能找出問題的癥結，還能更進一步了解對方的心。

現實與想像難免會有落差

憑空想像的人生是不踏實的，未能真正落實的生活計劃都只是空想而已，所有腦袋中的計劃都要先積極切實地應用於生活中。

從前，有位寡婦想為去世很久的丈夫畫一幅肖像，於是找來當地一名畫家：「我想請您幫已故的丈夫畫張肖像畫。」

「沒問題，您有他的照片嗎？」」畫家問道。

寡婦嘆了口氣，回答說：「唉，就是沒有，所以我才要麻煩您幫我畫一幅他的肖像來回憶。」

畫家一聽，有些為難地說：「這樣啊！可是您沒有照片，我又沒見過您丈夫，那要怎麼畫這幅肖像呢？」

寡婦說：「那就看你的本事了，我可以大約告訴你他的長相……」接著婦人閉上了眼，回憶著說：「他的眼睛是灰色的，頭髮是黑色的，嘴上有一撮小鬍子，而且整天都帶著微笑。」

「好吧！我知道了。」畫家說。

一個月後，畫家再次出現在寡婦的家中，還親自將肖像畫放到壁龕上。只是寡婦一看見那幅畫，竟驚慌地說：「天哪！他的變化未免太大了！」

看看婦人對丈夫的記憶回想：灰色眼睛、黑色頭髮、一撮小鬍子，外加一抹微笑，不知道此刻，在你腦海裡浮出了什麼樣的面容？

寡婦的記憶其實沒有錯，問題就錯

在畫家對婦人的描述有太多的想像空間，畢竟沒有見過本人，又沒有相片可供參考，當然免不了會出現「失誤」。

當想像的世界眞實呈現在你眼前之時，你是否能夠面對、承受呢？

居住在巴黎的畫家皮埃爾，向來以前衛派畫家自居。有一天，他在塞納河畔開辦了一場畫展，就在河岸邊將一張張作品高掛起來。

這時，有位年約五十幾歲的婦人走了過來，看見了他的畫作，竟然說：「哇！這肖像畫真是太有特色了。畫裡的人眼睛朝向兩邊，鼻孔朝向天，嘴巴還是三角形的呢！」

皮埃爾笑著說：「歡迎您來參觀我的畫展。太太，請您允許我向您介紹一下，這正是我描繪的現代美呀！」

「喔！真的嗎？現代美！太好了，小伙子，你結婚了嗎？我很樂意介紹一位和這幅畫像長得幾乎一模一樣的女孩給你認識喔！她正是我的『漂亮』女兒，如何？有興趣嗎？」婦人開心地說。

皮埃爾一聽，只得苦著臉笑說：「不好意思，我沒那個福氣。」

眞是沒有福氣嗎？還是，皮埃爾雖然突破了想像空間，最終仍脫離不了現實生活的規範呢？

歪斜的臉讓人看清了現實與幻想的差距。其實，無論人們再怎麼想像和創造，始終得等到落實之後才能得出結論，相同的，所謂的美醜，也不是在紙上談論就能得出結論，只有當我們眞正接觸並親自面對時，才會發現想像與現實的落差到底有多大。

援引故事中的寓意，我們還能得出另一個結論：計劃中的事難免會有變動，因爲當計劃實際執行後，所有想像中的規劃也開始被人一一檢驗，也開始進行刪選適合或不適合的計劃，這才是我們眞正的生活。

憑空想像的人生是不踏實的，未能眞正落實的生活計劃都只是空想而已。所有腦袋中的計劃都要先積極眞實地應用於生活中，然後我們才能得出好或壞的結果，也才能向人們確實保證：「這一個夢想必定能實現！」

不要把自己的弱點攤在別人面前

坦白是人際關係的第一步，但是自曝其短卻是人際交流時的一大忌諱，畢竟人心難測，人性險惡的一面始終未能消滅。

漢曼．史密斯中了樂透，贏得了一千萬元，決定買些藝術品來裝飾家裡。

「真不好意思，我不太懂得欣賞畫，所以坦白跟你說，你只要拿出最名貴的畫就對了。」漢曼．史密斯直接對畫廊的主人這麼說。

「太好了，我剛剛進了一幅精品。」老闆開心地回答著，接著便消失在一個帷幕後面，然後讓史密斯在前面等了十幾分鐘；之後，只見老闆拿出了一幅巨大的白帆布，可是帆布上只有一個孤零零的黑點。

「這是什麼呢？」漢曼問道。

「你看不出來嗎？這是一幅非常傑出的作品啊！那一點可是象徵著上帝和祂獨一無二的愛啊！」老闆誇張地說。

漢曼恍然大悟：「原來如此！」

於是，漢曼以非常高的價格買下這幅畫。

過了幾個星期之後，他又來到畫廊。

「您好，史密斯先生，看見您真好！」老闆熱情地招呼著。

「對了，我剛巧進了一幅畫，這幅畫正可以用來陪襯您上次買的那幅，如果連它也買回家，讓它們掛在一塊就很完美了。」一說完，老闆很快地從帷幕後拿出一幅巨大的白帆布。

這次，相同的白帆布上則多了一點黑點，一共是兩個黑點。

「這又意味著什麼呢？」漢曼不解地問。

老闆笑著說：「我的朋友，這叫作『結合』，是剛來到地球上的亞當和夏娃，其中蘊藏的自然法則是：剛創造出來的男人和女人正在……」

豈知，漢曼一聽，連忙拒絕：「別說了，我不能把它帶回家，因為我家裡有小朋友。」

漢曼在這能說善道的老闆遊說下，以天價買了「獨一無二的愛」，然後又從「一個小點」，看到「兩個小點」，從「獨一無二的愛」，再看到「兩個人的結合」，讀到這裡我們不免要問：「漢曼未免太相信人了吧？」

一開口就表明自己的弱點，不是等於把自己綑綁住，等著敵人來抓嗎？

坦白是人際關係的第一步，但是自曝其短卻是人際交流時的一大忌諱，畢竟人心難測，人性險惡的一面始終未能消滅，所以無論如何都要懂得自保。

無論是一般的人際交往，還是工作上的合作，我們都不能大刺刺地把自己的弱點攤開來，讓對方一覽無遺；如果已經這麼做了，便要及時找出補救的方法。換句話說，當對方的有心欺負時，要勇於拒絕，別讓對方一再欺騙自己。

我們要勇於面對錯誤，因爲唯有正視錯誤後，我們才能及時修補缺失，免於再受欺負。

上一次當就要學一次乖，雖然錯已鑄成，但只要下一次不再重蹈覆轍，能把錯誤的經驗消化成爲新的見識，讓它們成爲自己的智慧，我們的人生自然能走得更加平順。

再怎麼絕望，也要充滿希望

死的意象常與結束連接，但我們不妨將死亡朝正面積極的方向思考。正因為生死難料，我們更應該把握今夕今朝。

法庭上，法官問：「你就要被槍決了，有沒有什麼遺願啊？」

犯人回答：「有，我希望能穿上一件防彈背心。」

這犯人看來似乎比法官還要聰明伶俐，不是嗎？

想要防彈背心當然不可能被應允，死刑犯必然也知道這個結果，只是，與其說出個平淡無奇的要求，不如給個讓人印象深刻的答案，或者還能增添一點樂趣，讓人留下一點記憶。

就像英國冒險家亞歷山大·布萊克韋爾一樣，雖然他的冒險故事爲人熟悉，但那些故事怎麼也比不上他臨終前的最後一句話讓人記憶深刻。

事實上，命運不濟的亞歷山大、布萊克韋爾，晚年因為投資失敗而入獄，最後還被牽連進一起神秘的政治陰謀案件中，被判斬首極刑。

臨刑那天，布萊克韋爾被帶到鍘刀前，只見他把自己的頭偏擱在砧板上，劊子手一看，便對他說：「先生，你把頭擺錯位置了。」

布萊克韋爾欠了欠身，滿臉抱歉地對劊子手說：「不好意思，這是我第一次被砍頭，難免出錯。」

看了那麼多「第一次被砍頭」的犯人，卻沒有人像他一樣幽默機智，也因爲這個小插曲，讓原本看起來頗爲恐怖、可怕的結果，最終多了那麼

一點趣味，反倒沖淡了死亡的悲情。

當然，無論是第一例的犯人還是布萊克韋爾，他們表現出來的終歸是一種垂死掙扎，然而小小的幽默在讓人不覺莞爾的同時，也有一番深省。

若是前兩則故事不夠明白，那麼還有一名罪犯可以讓我們分享他的臨終心情。

當這名犯人被押上絞架時，忽然苦苦哀求著：「拜託你們，請把絞索套在我的腰上，不要繫在脖子上。」

行刑人一聽到這個令人啼笑皆非的要求，當然不予理會，動作依然照規矩來，這時犯人連忙解釋道：「求求你們啦！因為我的脖子特別怕癢，要是你們把絞索套在脖子上，恐怕會害我笑死。」

果真是怕癢？還是人們總得到了最後關頭才知道面對現實？

死的意象常與結束連接，但是看完這幾則趣聞，我們不妨將死亡朝正面積極的方向思考。正因爲生死難料，我們更應該把握今夕今朝，用這種觀點來推動自己積極前進。

很多時候，我們總勸人要樂觀積極，要忘記悲情，但是，面對一些容易記起灰暗角落的人來說，我們不妨試著借助這種灰色幽默的力量，讓他們相信心中的「黑暗」其實也富含著力量，教他們看見黑暗中的希望，讓他們習慣在黑暗中發現眞實的自己。

慢慢地，他們也能懂得灰色幽默的趣味，也明白了在「悲觀反諷」的劇情背後，其實蘊含了更多生活動力。

怨懟過去，怎能了解生命的樂趣

囚困在自己情緒中的人，不也像犯人一樣，常常逃避自己的真心，也選擇逃避別人的關心。天天苦悶埋怨，豈不是太浪費時間了嗎？

有名死刑犯被押到刑場，行刑前法官問他：「你還有什麼要求嗎？」

犯人回答：「我想吃芒果。」

聽了犯人的要求，法官滿臉為難地皺著眉頭說：「但現在並不是芒果成熟的季節啊！」

犯人點了點頭說：「是嗎？那我就等到它成熟的時候好了。」

爲了活下去，每個人總會找出許多理由來拖延時間，但事實上，再多的理由也無法躲過眼前的難關，最多只是臨死前的掙扎而已。

在某個死牢中，好心的典獄長問死囚說：「你想在臨刑前抽根煙嗎？」

「不了，謝謝，因為我怕得了肺癌。」只見死囚一臉嚴肅地回答。

說穿了，就是不見棺材不掉淚，非得等到生死關頭，才後悔當初不聽人勸；如今都快死了，這才擔心抽煙傷身，其實爲時已晚了。

再舉一個相反的例子。

有個專門以撬開門鎖作案的小偷被押赴刑場，臨刑之前，神父對他說：「我的孩子，為你深重的罪孽懺悔吧！否則，天堂的大門會緊緊關閉，不允許你進入。」

「是這樣嗎？放心，沒有我打不開的門。」犯人說。

臨死前仍不醒悟的，其實也大有人在，相較於害怕得肺癌的犯人和希望能多活幾天的死刑犯，這個「開鎖專家」肯定更讓人搖頭嘆息。

不過，這些犯人們的故事不知給了你什麼樣的省思呢？

其實，這幾則故事的旨意都只有一個「活」字，告訴我們：「生活中，錯踏的每一步都要用心檢討。要是知錯能改，危機或許能變成轉機；要是能聽見人們的好心建言，就不會墨守成規、故步自封。」

跳脫這些死刑犯們的故事，回到現實世界中反覆思考，囚困在自己情緒中的人，不也像這些犯人一樣，常常逃避自己的眞心，也選擇逃避別人的關心，因而活下去和死亡也在他們腦海裡反覆爭鬥。

如果有人現在正處在這樣的情境下，請再回頭看一看故事中的犯人們，他們直到面對死亡時才明白生的珍貴，可是那已經太遲了，我們若只爲了一個已逝的過去而鬱積滿腹、天天苦悶埋怨，豈不是太浪費時間了嗎？

想想故事中那些死刑犯，再想一想依舊待在塵世中的我們，想想，我們都已經走了這麼長的路，怎麼可以在這時放棄呢？在笑談犯人的幽默和狡辯時，聰明如你，是否也領悟出生命的珍貴？

坦然自在，才能微笑走向未來

想腳步輕盈自在，想有坦蕩的襟懷，唯有坦誠面對自己所犯下的錯或自己的不足，我們才能微笑走向未來，而不會有笑不出來的時候。

今天是監獄開放親友探監的日子，其中有位妻子在探視過丈夫後，淚水怎麼也止不住。典獄長聞訊後前來安慰：「只要勸妳丈夫表現得好一點，很快地就能假釋出獄了。」

沒想到婦人搖著頭說：「可是他實在太辛苦了，典獄長，我求求您安排輕鬆一點的工作給他吧！他是吃不了苦的。」

「可是，我們這裡並沒有像糊紙袋那樣輕鬆的工作啊！況且，事實上，獄方一點也不嚴苛，休息的時間和工作時間都安排得很妥善。」監獄長回答說。

「是的，這我知道，但我丈夫好像特別辛苦，會不會是被其他人虐待呢？他剛剛告訴我，他每天晚上還要不停地挖地道呀！」婦人說。

看完這則故事，眞不知道該笑婦人太愚笨，壞了丈夫的大事，還是責怪那名犯人不安分，犯了罪還不知悔改？

暫擱事件本身的對錯，只看婦人對典獄長的請求，想想她提出請求的出發點，再想想，其實我們不也經常犯了相似的情況，總以自己的主觀來判斷、思考事件，很少有人懂得從另一個角度去看事情，或是從別的角度評斷其中的對錯與輕重，以致於任何事一到手

中，可預期的成功最終都功虧一簣。

有一位律師幫富翁辯護前，因為已先花錢將各環節疏通一番，所以審判結果還未出來，就已經有十分的把握，相信必能輕而易舉地取得勝利。

於是，富翁的辯護律師未等開庭宣判，便自信滿滿地先把結果知會他的委託人，發電報說：「真理大獲全勝！」

沒想到對方接到電報後，竟回電說：「上訴到最高法庭！」

這是對法庭腐敗的嘲諷，也是因爲富翁主觀判斷所造成的失誤，對他們兩人來說，「眞理」有著不同的解釋。對律師而言，法庭上的眞理是以「結果」來論斷；反之，對富翁來說，所謂的「眞理」始終站在正義的一方，而他也自知自己是「不正義而且有罪的」。

一個人內心有愧的人，當然會對自己缺乏信心，即便花了大筆的金錢，依舊看見那個站不穩陣腳的悲觀身影；因爲無法坦然面對錯誤，因而心中始終有個解不開的心結存在。

在另外一個法庭中，有位牧師來到即將被正法的犯人面前，對他說：「我是代上帝來向你傳話的。」

犯人一聽，很不客氣地回絕牧師：「不必了，因為再過一會兒，我就會直接見到他老人家了。」

因爲就快看見上帝了，所以不必再聽其他人傳話；也或許犯人自己知道，如今也唯有直接面對上帝，並親自坦白自己的罪狀，才能解開心中的罪。

在這幾則小故事中，我們看見了不同的人生態度，但無論是心疼丈夫辛苦的婦人，還是心虛害怕的富翁，又或是決定坦然面對上帝的犯人，要告訴我們的只有一句話：「**無論我們能不能正視自己的錯，最終都騙不過自己的心！**」

想腳步輕盈自在，想有坦蕩的襟懷，唯有坦誠面對自己所犯下的錯或自己的不足，我們才能微笑走向未來，而不會有笑不出來的時候。

用智慧看待生活中的是非

聽見否定要虛心反省，聽聞誤解大可一笑置之。只要學會用智慧看待生活中的一切是非，再大的否決聲也敵不過對自己的肯定與自信。

在一間美術館裡，有個女人正站在一幅肖像畫前面，那幅畫中人物是個衣衫襤褸的流浪漢。

「真奇怪！」婦人忽然大聲的說。

朋友連忙制止：「怎麼了？妳小聲一點啦！」

但婦人卻不聽勸，繼續質問：「你看，他連買件衣服的錢也沒有，怎麼還請得起畫家為他作畫呢？」

是啊，爲什麼呢？

當然是因爲每個人的成長背景不同、認知不同，所以才會得出不同的結論；因爲一味地從自己的角度去判斷、否定，忽略了畫裡的背景與環境，所以婦人會有如此想法。

我們也不必要苛責婦人的愚昧無知，畢竟那是她累積出來的生活結果，也是她一路走來選擇的人生態度，沒有討論是非對錯的必要。

有位畫家也面臨了類似讓人啼笑皆非的情況。

這位畫家舉辦了一場個人畫展，展覽期間有位貴婦前來參觀，當她逛了一圈之後，畫家發現她站在某幅畫作前端詳許久。

畫家好奇地移步到婦人身邊，聽見

婦人這麼說道：「我如果能認識這幅畫的作者，不知道該多好！」

畫家一聽，連忙應聲說：「夫人您好，我就是這幅畫的作者。」

貴婦轉身一看，臉上立即展露開心的笑容，可是接著她卻說：「您好，可以見到您本人真是太好了，這幅畫作畫得實在太美了。那麼，您能不能告訴我，畫中女孩身上穿的裙子，到底是哪位裁縫師做的啊？」

從中我們也明白了，每個人有自己的看法和價值觀，畢竟每人的生活原本就不同。所以我們無須否定自己的想法，更沒必要嘲笑別人的認知。

有個嫁給一位抽象派畫家的女孩，有一天回到娘家時，忍不住對母親抱怨著：「唉，我丈夫老是畫那種抽象派的畫，根本看不懂。」

母親一聽，笑著說：「孩子，讓他去畫吧！管它抽象不抽象，只要能賣個具體的價錢就行啦！」

對這名母親來說，藝術的世界就留給懂畫的人去欣賞，只要結果符合我們的需要，其中過程怎麼走，大可不必在乎。

無論是只看得見畫裡「華服」的婦人，還是畫家的妻子，抑或是對流浪漢提出懷疑的婦人，畫家們並不會因爲人們的否定或質疑而失去心中的想法，而我們不也應該以這樣的態度面對自己的人生嗎？

聽見否定，我們要虛心反省；聽聞人們的誤解，大可一笑置之。只要我們學會用智慧看待生活中的一切是非，再大的否決聲也敵不過對自己的肯定與自信。

笑看人生的美麗趣味

每個人總會有不同的價值和判斷標準，無論你我怎麼選取角度，只要感受到快樂氣氛，內心能得到滿足，那就是最好的選擇了。

在國外某間美術館裡，有一名遊客好奇地問著導覽員：「那座雕像的姿勢為何那樣難看呢？」

只見導覽員不好意思地說：「是這樣的，我們本來想雕塑一位偉人騎馬的英姿，但就在藝術家準備雕塑馬的時候，經費忽然沒有著落了，所以……」

導覽員說到這兒，便不好意思再講下去，遊客連忙點頭表示明白。

因爲經費短缺而得出這樣一個尷尬的結果，或許讓人頗爲無奈，但換個角度想，若非經費短缺，旅客們又怎麼有機會看見這樣一個有趣的雕像？

生活常因爲突然的意外而得出不同的結果，因爲這個預期之外的結果，讓人感受到人生的多變，也體會到生活不同的趣味。

話說有另一名遊客在巴黎的協和廣場上散步，聽見兩位「街頭藝術家」對自己的吹捧。

畫家驕傲地說：「有一次，我在馬路上畫了一枚金幣，結果有個乞丐看見了還伸手要撿呢！」

雕塑家不屑地回敬說：「那算什麼！有一次，我刻了一根大香腸，結果不知道吸引了多少隻狗想把它叼走！只不過，牠們啃了大半天後才發現，原來那根香腸

不能吃。」

這段談話的真實度或許不是那麼重要，重要的是旅客在聽到對話後的想像與獲得的趣味。雖然說每個人對藝術的體認不同，但是，無論你我怎麼選取角度，只要感受到快樂氣氛，內心能得到滿足，那就是最好的選擇了。

有一位的婦人正在畫商那兒挑畫，最後選中的是一幅靜物畫，畫上有一束花、一碟火腿和一個甜甜圈。

婦人問道：「這幅畫要多少錢？」

「很便宜，只要五十塊美元。」商人說。

沒想到婦人搖了搖頭說：「我兩天前曾看見另一幅幾乎一模一樣的畫作，只賣二十五塊美元而已啊！」

「我相信，那幅畫絕對比不上這一幅。」商人自信地說。

「不，我覺得它比這幅好。」婦人很堅持。

「怎麼可能呢？」商人懷疑地問。

婦人回答：「因為那幅畫的小碟子上，擺放的火腿比這一幅還要多。」

這是讓人忍不住哈哈大笑的理由，但未必不是個好理由。

每個人在選擇適合自己的物品之時，總會有不同的價值和判斷標準，對喜歡圖畫的人來說，是否中意畫作才是重點，價錢反成其次，價格再高也捨得；反之，對圖畫不甚了解也沒什麼興趣的人來說，這種裝飾性的東西，價格才是重點，畫作的好壞則不被重視。

所以，既然火腿多上一片，婦人便覺開心賺到，那麼我們又何必否定她的看法，不妨鼓勵她去選擇那張火腿多一點的作品吧！

回到街上，再想著某個角落裡的有趣雕像，想像著旅人在街邊聽見的爭辯，我們也能重新勾勒出一個風情萬種的生活面貌，也學會了怎麼品味人生。

生活原本就是一種藝術

當人們不再將某一種學派奉為唯一圭臬，進而相信任何可能時，機會和創造性自然也會越來越豐富。

美術館裡有許多獨特的創作，其中便有一幅由繩子、火車票根、鐵絲濾網、底片和一輛破車拼貼而成的抽象畫，許多人好奇地站在這幅畫的前方，靜靜欣賞它想表達的寓意。

這時，有個婦女低聲地對另一個婦女說：「嗯，這幅畫正足以證明，永遠不要扔掉任何東西。」

雖說那是婦人之見，聽起來有些愚昧，但是這幅裝置藝術作品終究發揮了效用，從啓發性的角度來看，它的確讓婦人們有了省思，不是嗎？

其實，藝術的領域沒有我們想像中那樣高深晦澀，畢竟創作者的創意始終來自於生活，其中當然也包括了你我的生活；況且他們創作的目的並非告訴我們某種教條，而是希望我們藉由作品有所省思，進而體悟並珍愛生活與自己，這才是藝術創作的最終目的。

事實上，藝術與生活間的關係是極度密切的，因爲藝術能美化我們的生活，而生活又是藝術的靈感泉源，格貝里的「創作」正能證明此點。

正在創作新作品的格貝里，一聽到下課鈴聲便急急忙忙地跑出去，雖然作品還未完成。但因為有個很重要

的約會，不得不丟下工作先去赴約。

只是格貝里實在太慌張了，起身的時候，一個不小心竟將一整瓶的膠水給撞翻了，膠水瓶摔到地上碎了一地，地上滿是碎玻璃、膠水和幾根塗膠用的刷子。格貝里一看，心想：「快來不急了！嗯，等膠水乾了再說。」

格貝里決定等膠水乾了再回頭整理，沒清理地面便跑開，直到把事情處理完畢後，才急急忙忙地回到教室。

「咦？地上的東西呢？」格貝里發現地上已經清掃乾淨，之前那些亂七八糟的東西不見了。

他很好奇是誰好心幫他整理了，於是對教室中的一名助教問道：「請問，剛剛地上的東西呢？」

接著，格貝里還把情況解釋了一番。

助教聽完以後，竟吃驚地說：「沒想到那個玩意兒是這麼來的，有人還把它當作是現代派設計的練習作品交上來呢！」

其實這就是藝術，只要你意會，只要你看見其中的趣味，無論作品是具體還是抽象，對我們來說都是絕無僅有的藝術大作。

在藝術的領域有許多專有名詞，每當某一種表現或作風與當下或前代有極大差異時，人們便會很自然地賦予它們一個新的代表名詞，並爲它們的存另闢一個新的發展空間，像是所謂的後現代主義、流行的普普風，又像格貝里莫名創造出來的新作品。

事實上，這種現象正代表著一切人事物的可變性。特別是當人們不再將某一種學派奉爲唯一圭臬，進而相信任何可能時，機會和創造性自然也會越來越豐富，更甚者，無論是知識、藝術或是學識也會跟著不斷地超越、提升。

從藝術中反省自己的生活與人生，也從自己的生活與人生中尋找創作藝術的靈感，這麼一來，你自然會發現藝術即是生活，生活也處處是藝術了。

PART 4

用幽默的方式
展現自己的價值

幫自己爭取權利時，得聰明地援引、機智地比喻，要讓對方明白我們的實力與付出，更要讓他們心甘情願提高價格爭取我們的加入。

會說話，更要能聽出話中話

> 我們要學習判斷是非，也要學會觀察聆聽，如此才能找出正確的答案，不致於被人誤導而做出誤判。

在法庭中，被告的辯護律師正大聲質問證人：「你說事故發生的時候，你離出事的地點約有一百英呎，那請告訴我，你到底能看見多遠的東西？」

證人說：「嗯，我早上起來的時候可以很清楚地看到太陽，據說，太陽離地球有九千三百萬英哩，所以這就是我可以看見最遠的距離。」

對你來說，證人的答案似乎有些刁鑽，但是就事論事，從證人的角度來思考，他的說詞其實並沒有錯。

在法庭上，講求的是最正確的答案以及最公正的審判，每個證人也知道自己的證詞將影響某個人一輩子，所以，答案總是得小心構思。也許有些是經人教導，有些是自己不小心脫口而出，至於眞實性有多少，大概只有他們自己知道了。不過，一如「可以看見太陽」一樣，這證詞看起來笨，但也留給人無限的發揮空間，這樣的證詞絕對不會得罪人，至於該怎麼論斷是非，就看法官怎麼取捨，如何拿捏了。

法庭上，不乏各式各樣讓人啼笑皆非的證詞，下面的故事又是一例。

有個女性是一間即將破產的公司的女秘書，幾天前收到法院的傳票，要她在這天出庭作證。

現在，法官正以極為嚴肅的口吻

質問她：「妳知道作偽證會有什麼後果嗎？」

女秘書很冷靜地點了點頭，然後對法官說：「知道，我可以獲得二千法郎和一件貂皮大衣。」

在這個故事裡，我們很難揣測女秘書是眞笨還是裝傻，然而這個看似愚蠢的回答，其實正揭露了事實與眞相，這或許是我們在面對難以處理的人事糾紛時的最佳方法，不是嗎？

在另一個法庭上，法官問證人：「宣誓之後，你知道應該怎麼做嗎？」

證人點點頭，回答說：「我知道，一旦宣誓之後，不論我說的是真是假，都應該堅持到底！」

聽見「無論眞假都要堅持到底」，反而有會心一笑的效果。其實，法庭上的偽證人和罪犯大都是帶著一顆不踏實的心上台，在不能說出事實的前提下，他們總得編織許多謊言，然而謊話記得再清楚、說得再詳盡，也始終比不上記憶深刻的事實眞相。

換句話說，想找到僞證的漏洞其實不難，仔細聽聽對方的說詞，也用心觀察對方的神情，我們就不難從中發現實情。

人際交流時，我們也經常面對相似的情況，常會無法判斷人心的眞僞；或者聽對方說話時，總覺得意在弦外，根本抓不住對方的重點。

因此，我們要學習判斷是非，也要學會觀察聆聽，如此才能找出正確的答案，不致於被人誤導而做出誤判。

不要用別人的懷疑否定自己

所有的人事物便是靠著「不同」，才累積出超越人們預料的非凡價值，不管別人肯定或否定，只有自己才能為本身訂出最後的定價！

畢卡索出名之後，曾經有個商人拿著他的畫作來找他，那是因為當時的仿冒品越來越多，畫商們總是想盡辦法分別其中真偽，以免損失嚴重。

這個找上畢卡索本人的商人，便是為了收購畢卡索的「和諧」壁畫而來的，另一方面為了避免上當，他還帶了另一幅簽有畢卡索名字的畫作來求教原創者。

商人問：「先生，您為什麼在『和諧』這幅壁畫作品中，把魚畫在鳥籠中，把鳥畫在魚缸裡呢？」

畢卡索毫不遲疑地回答道：「在和諧之中，什麼情況都有可能。」

沒想到畢卡索一說完，商人便不再討論這個話題了，而是將另一幅簽有畢卡索名字的畫作拿出來，請畢卡索確認畫作真偽。

畢卡索看了一眼，說道：「是冒牌貨！」

商人點了點頭，心想：「那我知道畢卡索繪畫的奧秘了，從此以後，我不會再買到仿冒品了。」

不過不久，這名商人又興沖沖地拿著一幅畢卡索的畫來問他真假，沒想到這一回畢卡索看都沒看便回答：「冒牌貨！」

「假的？不對吧！先生，這幅畫是您不久之前親筆畫的，當時我也在場啊！」商人著急地喊道。

畢卡索卻聳了聳肩膀說：「我知道

啊！我有時也畫假畫啦！」

你也很在意畫作的眞假嗎？但是仔細想想，對藝術家們來說，我們應該重視的，不應是畫裡的意境，那個他們當初在創作時眞正想表達的心意才對嗎？欣賞作品時，我們眞不該只專注、追逐著「親筆簽名」是眞或假，抑或計較著這幅作品是不是他們人生的巔峰之作，因爲作品裡的隱隱寓意，並不應被這些因素干擾，只有我們在眞正瞭解之後，才能品評出其價值與意義！

以諷刺喜劇名震影壇的卓別林，其實也曾遇到相似的情況。

在他大紅大紫之後，模仿他的人也越來越多，當時有一家公司便特別舉辦了一場「卓別林」模仿大賽，還請了好幾位專門研究卓別林表演技巧的評論家來當評審。

卓別林一聽到這個消息，也興沖沖地喬裝成一般民眾前來參賽。

但是最後評判出來的結果，本尊卻只拿到第二名。

在頒獎那天，公司寫信邀請真的卓別林到場致詞，但卓別林卻回信說：「世界上只有一個卓別林，那就是我，只是，我更應該尊重評審們的專業。所以既然我被評為第二，您還是請『第一卓別林』上台演說吧！」

這是卓別林與畢卡索對眞假的定義，一個是對於只問眞假、不問作品寓意的幽默冷語，一個是面對評論者的專業判斷卻仍辨識不出眞卓別林的暗諷否定。

仔細思考故事中的旨意，你是不是聽見了這兩位藝術大師如此說著：「我就是我，你就是你，各自獨立也各有天地；你能看得見自己的獨特，才懂得欣賞別人的與眾不同！」

其實，所有的人事物便是靠著這個「不同」，才累積出超越人們預料的非凡價值，就好像卓別林在專家們眼中「不像卓別林」，畢卡索在人們不斷地提出懷疑中大方地否定自己，但不管人們怎麼肯定或否定，他們只想告訴人們：「我的價值只有我知道，只有自己才能為本身訂出最後的定價與結論啊！」

自重才能得到他人的敬重

與人交流，心底若少了真心對人的誠意，無論地位多麼崇高，也始終得不到人們的敬重。

與人交流若少了真心誠意，就很難得到人們的尊敬。

其實，你怎麼看人便代表你是一個怎樣的人，認為眼見的全是醜惡的人事物，那就代表你心中只有醜惡，沒有美善。

文藝復興時代，名畫家拉斐爾獲邀參與梵蒂岡教皇皇宮內的壁畫繪製工作。當時，畫家們對於這樣神聖的工作都十分重視，拉斐爾當然也是如此，以極為虔誠且恭敬的心，全力投入其中。

為了能完整呈現《聖經》裡的旨意，拉斐爾用心地理解與想像文本中的故事和智者之言，然後小心翼翼地在牆上勾勒出一條條清晰的筆畫線條。接著，透過拉斐爾的巧手，一個個宗教人物栩栩如生地呈現在大片的牆壁上。

有一天，兩位紅衣主教突然興致勃勃地前來觀看拉斐爾作畫的情況。

拉斐爾這時正站在支架上努力創作，由於長時間舉手作畫的關係，讓拉斐爾的手臂越來越酸痛，偶爾會看見他甩手的動作，只是作畫時間有限，不能稍有停歇，他只好忍著疼痛，吃力地繼續揮動手中的畫筆。

但紅衣主教們呢？他們抬起頭且皺著眉看著牆上的作品，看了好一會兒時間之後，其中一人忽然批評說：「唉呀！他怎麼把

耶穌和聖保羅的臉都畫得這麼紅啊？」

「是啊，是啊，那顏色怎麼看都不大對勁！」另一個人說。

紅衣主教們的對話有些大聲，似乎有意要讓拉斐爾聽見。事實上，在這個偌大且安靜的空間裡，即便是一根小針落地也會有如大槌著地的聲音效果，那紅衣主教們的對話更有如雷聲巨響！

拉斐爾聽了紅衣主教們的批評聲後，雖然忍不住停下了畫筆，卻沒有轉身回頭看，只是背對著主教們，並以低沉的聲音回答道：「先生，我是故意這麼畫的，因為聖主們在天堂裡看見教堂被你們這些人管理時，心中甚感羞愧。」

聽見人們的批評聲時，你都怎麼看待又是怎麼回應的？

紅衣主教們的批評聲對照著拉斐爾沉穩且默默作畫的身影，讓我們更易比較出誰才是眞正的上帝子民，爲了能表達出心中的尊敬，拉斐爾努力地舞動手中的筆，再辛苦也不願放手，這心意任誰看了都爲之感動，不是嗎？

反觀這兩位紅衣主教們，以自己的身份爲傲，以爲穿了紅衣便與上帝最爲親近，但事實上，他們的恣意批評和那份高傲自滿的態度，早就已經讓自己和上帝遠離了啊！

其實，人與人之間交流不也是如此，心底若少了真心對人的誠意，無論地位多麼崇高，也始終得不到人們的敬重。

當拉斐爾以「紅了臉的上帝」來反諷紅衣主教們的同時，也傳遞出這麼一個旨意：「一個小批評或許沒什麼大不了的，但是，你說出的話正代表了你的心——心底的醜惡與美善！」

用幽默的方式展現自己的價值

幫自己爭取權利時，得地援引、機智地比喻，要讓對方明白我們的實力與付出，更要讓他們心甘情願提高價格爭取我們的加入。

史特拉芬斯基是出生於俄國的美國作曲家，終其一生創作了不少美國人熟知的樂曲。某一次，有位電影製作人出價四千美元，邀請他為好萊塢的一部電影製作配樂，沒想到卻被他當面拒絕：「不行，這價錢太低了。」

製作人頗不以為然地反駁說有位作曲家也是以這個價碼為一部新片譜曲的。

但是，史特拉芬斯基的態度十分堅定，對製作人說：「我知道他很有才華，至於我因為才華不足，所以花費的心力和時間一定比他多上許多，光是這一點就超出這個價碼了。」

聽見史特拉芬斯基的解釋，不知道你作何感想？

我們常討論一個人的價值要怎麼論斷，也常說人的價值不能光憑表面來下定義。從史特拉芬斯基爲自己爭取權利的故事中，我們可以這麼解釋：外顯的個人才華是可以看得見的，但蘊藏在發揮過程中所支出的潛力與努力，卻不是旁人可以明確知道的。

表現幾分與你付出的多少成正比，付出越多心力，表現自然更加出色，只是這個「付出」不見得每個人都會看見，都能理解。

對史特拉芬斯基來說，作曲看似簡單實則不易，一首樂曲的好壞是音樂人長年的實力累積，即使是天才的創作者，可以在幾分鐘內完成一首曲子，但經仔細研究後，我們不難發現在他們作曲之前，構思時間之長，以及收集資料之多，常常是其他人比不上的。

因此，在衡量一件原創作品的價值時，我們應該問一問自己：「作者在創作這件作品時，究竟付出了多少心力呢？」

從創作者的角度思考，想想他們全力在這份工作上的執著與精神，或許你將發現，原來這一切眞的不能用金錢衡量。

就好像藝術創作一般，特別是繪畫作品，我們常常要求壓低價格，但除了印刷的複製圖片外，畫家們用心親手繪製的作品，恐怕眞的很難估算其價吧！只可惜這世上就有許多不識貨的人，只懂得用金錢去衡量他人的心血。

曾有個富翁請一位畫家幫他畫一幅法老和法老的軍隊淹死在紅海之中的畫，可是他又說：「我的預算很有限，不可能出多高的價錢。」

換句話說，富翁並不願意花太多錢。畫家一聽忍不住和他爭論起來：「可是，光顏料工具的成本就很高了，再加上我繪圖時所付出的心血，怎麼會才值那麼一點錢

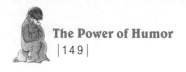

呢！」

但是，無論畫家怎麼爭取、請求，富翁始終只答應支付畫家所期望的一半價錢，因而畫家只得無奈地接下這份工作。

兩天後，畫家帶著作品前來拜訪富翁。富翁打開畫卷，卻見畫布上全是滿滿的紅色顏料，除此之外，連個小黑點也沒有。

富翁大聲地質問：「這就是我要你畫的東西嗎？」

畫家平靜地回答：「是的，先生。你看這一片紅正是紅海。」

富翁的臉也紅了，接著又問：「那以色列人在哪裡呢？」

「渡過紅海了。」畫家仍然很平靜地說。

富翁又問：「法老呢？法老和他的軍隊呢？」

畫家突然抬頭並舉起雙手，大喊：「他們全葬身海底了。」

十分有趣的應對方式，一句「全葬身海底」讓畫家原本的無奈瞬間化解，更讓他原本不滿的情緒轉眼宣洩出來。

也許有人要說這畫家太沒有職業道德了，只是當遇到有心苛刻的人，心血被評得一文不值，你還能維持多少熱情呢？

兩篇短文都展現了藝術家們的堅持，我們其實也可以這麼說，正因爲他們自知實力堅強，更清楚自己的價值所在，因此在面對人們有心貶低的企圖時，他們始終能堅強地抬起頭，並且用幽默的方式力爭自己應得的報酬。

要讓人識貨，我們除了要知道自己的實力，更要知道自己到底價值多少，如此一來，我們才能自信滿滿地與人談判、議價。

若從人際溝通的角度來思考，當我們在幫自己爭取權利時，便得像畫家和音樂家一樣，聰明地援引、機智地比喻，不僅要讓對方明白我們的實力與付出，更要讓他們心甘情願提高價格爭取我們的加入。

有技巧地吐真話，才能讓人微笑接納

溝通是一門藝術，給人意見更要有技巧。當我們在表達內心想法時，要懂得運用隱喻或借喻。

有個畫家對朋友說：「我想把這房間的牆壁重新粉刷，然後再在牆上作畫，你覺得好不好？」

「嗯，這主意倒是不錯。不過，我覺得你最好先在牆上作畫，然後再粉刷牆壁。」朋友勸他說。

畫家想聽聽朋友的意見，沒想到卻被朋友糗了一頓，心中肯定是五味雜陳，畢竟朋友已間接否定了他的繪畫功力；但因爲朋友只是間接地批評他，所以避免了兩人間的直接對立。

我們常說話要說得巧妙，才能避免不必要的對立，也才能免除任何可能產失的誤會或埋怨，因而就算忍不住想吐槽，也要學會「吐眞話」的技巧，要能讓人聽不出話裡的「嘲諷」，還能保住對方的面子，好讓他們在微笑接納的同時，願意回頭閉門自省。

音樂大師恰魯比尼便是個絕佳的例子。

他身為歐洲的首席音樂家，幾乎天天都得面對許多想沾沾音樂家風采的訪客，其中更不乏前來討教的人。

有一天，有位時尚派音樂家帶了一套樂譜來見他，還聲稱這套樂譜是音樂家曼哈所寫的。

但是，恰魯比尼仔細地審閱一遍後，很肯定地對他說：「不，這不是曼哈寫的，因為實在寫得太糟糕了，不像曼哈的水準！」

沒想到，拜訪者這時卻說：「那如果我告訴你這是我寫的，你相信嗎？」

恰魯比尼一聽，很冷靜看著他，然後說：「不，你還不能寫得這麼好！」

看起來有些矛盾的兩句話，卻充分展現了恰魯比尼的機智，所謂見面留三分情，不想得罪人，即使答案有矛盾也要改口回應，於是恰魯比尼從「糟糕」轉成了「好」字，不過再仔細一點探究，這兩句話裡其實還藏著反諷呢！

試想，原來被批評不及曼哈的水準，轉眼卻成了作曲者還不到如此成熟的程度，其實不管何者都是在說作曲者的實力還不足，只是因爲恰魯比尼善用了「明褒暗諷」的說話技巧，因而他提出的批評就不會顯得太苛刻。

表面聽起來是「你還不能寫得這麼好」，那是因爲恰魯比尼知道，眼前他所熟知的音樂家尚未有很好的作品出現，即便新的創作已超出他以往的作品，但音樂大師更期許他：「無論是先前的否定或後來的質疑，你都仍然有進步的空間，可以有更好的作品，可以更上一層樓。」

從名人的軼事回到現實生活，想想我們與人溝通意見時，經常用什麼樣的方法來表達呢？是毫不留情地直指對方的不是，還是轉幾個彎，再告訴他們表現上的缺陷或不足？

溝通是一門藝術，給人意見更要有技巧。畫家可以用色彩來表現心裡的無奈或不滿，音樂人則懂得用音符來分享心中的快樂或悲傷，無論如何，他們在傳達內心話時總有一個媒介；相同的，當我們在表達內心想法時，便要懂得運用隱喻或借喻。

有時繞繞彎，有時另外找個目標來譬喻，不僅能大大減低「針對」的感受，也能增進溝通效果，若能再加點幽默元素，還能讓人微笑地聆聽你的意見，並進而打從心底接納且服從你的建言。

一切進步都源自獨立思考

我們都應該要求自己要有不同的思考方向，前人的智慧妙語當然值得參考，但是不能一味服膺，更不能命令自己必須唯命是從。

曾經有人問哲人畢希特拉圖：「真理在哪裡？」

畢希特拉圖說：「這還用說嗎？真理無所不在。」

「眞理」這兩個字是很抽象的，就好像「成功」一樣，然而正因爲他們的抽象，反而讓我們有無限的想像空間，以及無限延伸的權力。

換句話說，當我們想定義某一件事時，不必計較著字面上的意思，也無須執著前人給予的答案，只要你願意動腦思考，肯用心體會、領悟，自能了解眞理存在何方，還有成功的意義又是什麼。

曾有人這麼問亞里斯多德：「你和平常人有什麼不同呢？」

這位大哲學家回答道：「他們活著是為了吃飯，而我吃飯是為了活著。」

仔細想想哲學家的話，不知道是否讓你有所啟發？

想著自己的「與眾不同」，思考著生活中的各種答案，畢希特拉圖想提醒我們的是：「不要囿限自己在某一個觀念裡、某一個情節中，只要多多觀察四周，就能發現無限的可能性。」

至於亞里斯多德想表達的，從他回答的字句上尋思就不難找到答案，問一問自己和其他人有什麼不同？問一問自己活了大半輩子做了些什麼？再問一問自己，人生對你而言除了吃飯睡覺之外，是否還有其他目標？

爲了活下去所以吃飯，和爲了吃飯所以生活，這兩者的精神層面和思考層次完全不同。一輩子就爲了吃一口飯而努力工作的人，和只要吃一口飯便有體力上工的人相較，前者工作時的心理狀態，想來應該比後者沉重，不是嗎？

其實，無論是給人的建議，還是給自己的肯定，都不妨像風琴手馬爾科姆．薩金特一樣，輕鬆分享也輕鬆看待。

身為美國著名指揮家的馬爾科姆．薩金特，當年為了讓古典音樂能打入年輕人的心，曾努力將古典樂重新詮釋並賦予全新的涵義，好讓年輕一代的人們都會愛上古典樂。

在他七十歲生日的那天，有位記者問他：「您能活到七十歲高齡，應該歸功於什麼呢？」

指揮家想了想，回答說：「嗯，我認為這必須歸功於一個事實，那就是我一直都沒有死！」

相信樂迷們和記者們總是希望一個更明確的答案，像是因爲吃了什麼仙丹秘藥，還是「我就是聽了這些古典樂所以長命百歲」。

答案越具體，人們才能更明白學習的目標爲何，只是音樂家偏偏不給標準答案，一句「一直有沒死」留給人們莞爾一笑的趣味，卻也間接給人無限的想像空間，不是嗎？

其實，因爲生在不同的年代、不同的環境，並有著不同的個性，我們都應該要求自己要有不同的思考方向，前人的智慧妙語當然值得參考，但是不能一味服膺，更不能命令自己必須唯命是從。

事實上，無論是亞里斯多德或是畢希特拉圖，大多數的哲學家留給後人的，從來都不是「肯定的答案」，而是「希望你多想想」，能有「獨立的思考」才是他們的本意。

與人交心要多一點包容心

不讓心中掛記著小事，並讓事事都能轉念化解，這樣自然無處不是好風景，也無處沒有好心情了。

有一個即將列入名人冊的人，特地找了一位名畫家幫他畫一幅可供人瞻仰的肖像畫。為了呈現最好的自己，所以作畫過程中，名人緊盯著畫家的動作，還不時糾正他的畫法。

畫家畫著畫著，不一會兒名人又說話了：「先生，我請您來不為了別的，就是想請您幫我畫一幅肖像，麻煩您一定要盡力捕捉我的神態，你知道，就是那種『神態』啊！」

沒想到畫家一聽卻停下了畫筆，定神看著名人的臉，然後嘆了口氣說：

「唉，真的很抱歉，我不是畫漫畫的。」

抽象地要人想像「神態」怎麼呈現，自己卻又無法說出個所以然來，這不是強人所難嗎？

當然，聰明的畫家也不忘幽默地嘲諷對方：「恐怕只能用誇張的漫畫手法來呈現，才能表現出你的神態。」

對人有所請求時，我們經常忽略了聽者的爲難之處，甚至不願意相信對方，偏偏意見還很多。但仔細想想，一旦人和人之間出現了這樣的隔閡，又怎能有良好的互動呢？

曾經有人問一位畫

家：「為什麼您只畫風景畫？其他肖像畫或人物畫的委託您似乎全拒絕了！」畫家點了點頭說：「的確，這是因為截至目前為止，還沒有一棵樹會跑來找我的麻煩，說我畫得一點都不像。」

這正說明了一般人只懂埋怨、嫌惡，卻不懂得包容、肯定別人的付出，所以畫家寧可只畫森林、田園，卻不願意與人交際。

若要解決這個問題，其實很簡單，只要我們心胸開闊點，多給人一些包容，自然就不易產生紛爭。

像以下這位印象派畫家就是如此。

話說有位畫家剛完成了一幅名為《日出》的作品，且那幅畫旋即便被送到美術館展覽。

但在展覽會上，不知道是工作人員無知還是疏忽，竟把這幅作品掛反了。

管理人員發現之後，連忙準備將它糾正過來，不過，畫家這時卻制止說：

「不必了。」

只見他找出筆來，然後在作品的標題上改了一個字，變成「日落」。

一個「日出」改爲「日落」的小動作，傳達的不只是藝術的多元性，這小小的動作更表現出畫家的生活修爲與處世態度！

試想，如果是我們遇到這樣的情況，你會怎麼處理？是不是會大聲斥責工作人員不專業？

其實，生活一個轉彎，就能看見人生的日出；作品的一個小迴轉，轉動出來的不只是另一種藝術上的呈現，其中還包含了畫家對事、對人的包容與關心。

好像故事中的畫家，他只沉醉在繪畫的世界中，不讓心中掛記著小事，並讓事事都能轉念化解，這樣自然無處不是好風景，也無處沒有好心情了。

話要說得漂亮，更要說得恰當

人與人之間的溝通確實是一門藝術，在人際交往中，若是說話的分寸抓不好，就無法創造出和諧的人際關係了。

在馬克斯·李勃曼家的隔壁，有一幢建築十分獨特的別墅，不久之前才被政府徵用作為衝鋒隊的訓練學校。

有一天，一名衝鋒隊的隊員隔著花園矮牆，觀看李勃曼在後院作畫。忽然，那名衝鋒隊員說：「教授，就一個猶太人來說，您畫得還挺不錯的。」

李勃曼微笑地回敬：「是嗎？就一個莽夫來說，您竟然如此有藝術品味，也算不簡單了。」

一個以種族歧視的角度看畫，一個則以魯莽無智的寓意來嘲諷對方，兩者相對照之下，更突顯那名衝鋒隊員的愚笨可笑。

對照日常生活中的人際相處，其實有些人不也像故事中的軍人一樣，明明要讚美別人，卻總是要在讚美之前再加上一句否定的話語，這不僅讓聽者不舒服，還很容易增添彼此間的誤解和不滿，不是嗎？

說話的藝術是多一點不行，少一點也不對，遣詞用字的拿捏都得多花點心思，才會有良好的溝通互動，也才能免去不必要的紛爭與誤會。

某法庭上，有位氣象專家多羅文被傳喚到庭作證。

在他宣誓之後，法官問道：「你的職業是什麼？」

多羅文回答：「法官大人，我是預報天氣的。」

法官一聽，很不滿意地搖了搖頭：「原來如此，那我得警告你一件事：請注意了，在法庭上只允許說已經發生過的事情，除此之外，什麼也不許說。」

「什麼該說，什麼不該說」是法庭上該好好注意的事，但在生活中我們也應該秉持相同的態度和觀念。

我們都知道，話要說得漂亮，更要說得恰當，好話要多說，壞話要少提。想讚美人就不要猶豫，既然已經看見他今天的進步，就不必再多加一句「昨天很差」的否定，只要一句「你今天很棒」就夠了。

古希臘藝術家們的交流互動，爲我們示範了正確的說話方式。

當卓伏柯瑟夫剛完成了一串極為逼真的葡萄作品之後，立即引來了四面八方的鳥兒前來爭食。

同行的巴拉西見狀，很不服氣地說：「我一定要超越你。」

不久，巴拉西作品完成了，便連忙帶著自己的新畫作來給卓伏柯瑟夫看。能夠有切磋交流的機會，卓伏柯瑟夫當然很開心了，只見他著急地看著巴拉西手中的畫，喊著：「快點揭開畫上的布簾啊！我要仔細看看你的畫。」

只見巴拉西滿臉得意地說：「看仔細了，我的畫作正是你說的布簾呀！」

卓伏柯瑟夫一聽，忍不住張大了雙眼，更不住地點頭：「你果真超越我了，我只騙得了飛鳥，而你卻騙過了一名藝術家。」

要是心有不服，就用實力來證明；若是看見對手確實更甚於自己，我們只要一句心服口服的肯定就夠了，不必再提昨日的不如意。

人與人之間的溝通確實是一門藝術，不但需要技巧將內容發揮得盡善盡美，還需要多用心揣摩。

在調色盤上，若是顏色的多寡拿捏得不準確，就調不出美麗的色彩；同樣的道理，在人際交往中，若是說話的分寸抓不好，就無法創造出和諧的人際關係了。

缺乏鑑賞能力，自然處處碰壁

若連生活中基本的常識或鑑賞的能力都沒有，當然就容易處處碰壁，所以我們要把握生活中的每個機會好好學習、增長見識。

某天，沙金去一位富翁家中作客。那富翁一看見大畫家出現，連忙搬出收藏許久的名畫，得意地與他分享。

不過，畫家看完後卻說：「這些都是贗品。」

主人一聽，立刻反駁：「您會不會看錯了，這些畫我可是花了很多錢呢！不可能是假的……」富翁喃喃地反駁著，忽然又大聲地問沙金：「如果我死後要把這些畫捐出去，什麼地方最適合啊？」

沙金一聽，懶洋洋地回答：「我看，捐給盲人院最好。」

因爲見識不足而受騙上當已經是一錯了，受騙上當後還不肯承認自己被騙又是一錯；接連兩錯之後還堅持繼續「犯錯」，想以假畫來行善，沙金當然忍不住要給他一個諷刺的回應。

沒有專業的辨識能力，至少也要能聽懂專業的建議，好像井底之蛙不能老坐在井底測量天的寬度，要想知道這個世界到底有多大，總要費一番功夫爬到井口察探後再做定論，不然若是自滿於自己的見識，恐怕就會鬧笑話了。

有一個癡迷於抽象和立體畫風的男子，在畫展中花了大半天時間挑選畫作。

「唉！怎麼看來看去都不太對勁呢？」男子東挑西選，但是，始終都挑不出自己滿意的作品。

這時，他忽然瞥見牆邊有一幅白底黑點，並且用銅條框起的畫作，簡直讓他一見傾心，於是興沖沖地問工作人員：「請問這幅畫要多少錢啊？」

「這個？你確定是這個嗎？」工作人員吃驚地看著他。

這時，男子心想：「這一定是非常之作，看他們的神情就知道，大概很少有人像我這麼識貨吧！」

因而竊喜的男子更得意地點頭：「沒錯！我買定它了！」

「對不起，這只是牆上的電燈開關而已！」工作人員滿臉抱歉地說。

那男子呢？只見他滿臉通紅地奪門而出。

還知道臉紅，想必這個男子回去後會好好充實自己了吧！

其實，若是眞正的癡迷就不會連辨別眞假的基本能力都沒有，生活中有許多事物只要我們肯用心學習，並把基本功夫紮實地學上手，接下來無論怎麼變化或演進，始終都能掌握在我們的手中。

好像第一則故事中的富翁，他不該選擇逃避和否定，而應把握機會請教沙金如何辨識畫作眞僞，一味的逃避只會讓他一再地買錯畫，也一再被人嘲笑。

若連生活中基本的常識或鑑賞的能力都沒有，當然就容易處處碰壁、處處不順心，所以我們要把握生活中的每個機會好好學習、增長見識。

現在能力、知識不足沒關係，只要補強這些弱點就好了；就怕不但不知自己不足，還爲自己僅有的那點見識沾沾自喜，那恐怕就會成爲衆人的笑柄。

PART 5

改一改自己
待人接物的姿態

你會發現身邊的人總是想躲開你嗎？又感覺到人們似乎不太服你嗎？那麼就把自己的氣焰收一收，也改一改待人接物的態度吧！

改一改自己待人接物的姿態

你會發現身邊的人總是想躲開你嗎?又感覺到人們似乎不太服你嗎?那麼就把自己的氣焰收一收，也改一改待人接物的態度吧!

一位野心勃勃的年輕指揮家正在台上指揮彩排，然而練習一段時間後，卻見指揮家的臉色變得越來越嚴肅、沉重。

因為，他很不滿意樂手們今天的狀況，於是只見現場的樂手們一個個都被他指著鼻子糾正，而且是從早上被批到了下午。

最後，有個小提琴手實在受不住了，突然站了起來，並大聲地對著指揮喊道：「如果你再這麼囉唆，我們今天晚上就照你指揮的來演奏好了。」

小提琴手最後的反駁其實也點出了問題的癥結所在，原來問題是出在指揮家身上，只不過這名年輕人始終沒發覺自己的問題。

或者，我們可以這麼說，這名年輕的指揮家無論是在指揮能力還是溝通上都出現了問題。

畢竟指揮是樂團的靈魂、樂團的核心，當樂手們無法與他指揮配合，甚至是不願服從時，指揮應當要先反省自己，如此一來，才能找出問題的關鍵，也才能挽回樂手們的信任。

話說阿克巴國王有一天對印度智者比爾巴說：「倘若國王們都能得到長生不老的秘方，那麼國家就能由他們長久統治，你想如此一來不知道該有多好！」

比爾巴立即點頭回應：「陛下，你說的不錯，不過要是真能找到這種仙丹，我想如今坐在這個王位上的人恐怕還輪不到你吧！」

將這則故事與第一則故事兩相對照之下，我們也得出了一個結論：這個世界是由一雙手牽起另一雙手建造而成的，所以我們每一個人都很難離開人群獨居；換句話說，沒有人能「天上天下，唯吾獨尊」，地位再高、角色再重要，也要記得這一切是由「他人」所促成的。

你會發現身邊的人總是想躲開你嗎？又感覺到人們似乎不太服你嗎？

那麼就把自己的氣焰收一收，也改一改待人接物的態度吧！就像第一則故事中的指揮家一樣，若能多一點笑容，再來個謙卑請教的低姿態，相信樂手們不僅會給他許多好意見，甚至會心甘情願地服從他的指揮。

成功沒有傳奇事蹟，只有踏實足跡

所有看似風光的背後，其實都蘊含著常人無法想像的付出和努力。要想成功就得先努力，沒有流下汗水的成功是不踏實的。

芭蕾舞蹈家魯道夫出生於一九三八年三月的某一天，據說他是在一列開往海參崴的火車裡出生的，當時的他正在母親的肚子裡，跟著母親一同前往尋找正駐紮在海參崴的父親。

一九六四年十月，魯道夫和著名的女芭蕾舞蹈家馬戈特・方婷在維也納國立歌劇院演出柴可夫斯基的〈天鵝湖〉，由於兩個人合作無間地精湛演出，讓觀眾忍不住起立鼓掌，且掌聲長達十分鐘之久，為此，他們兩個人竟上台謝幕多達八十九次。

每個看過魯道夫跳旋轉動作的觀眾，都深為充滿力與美的舞蹈感動。因而有一次某人好奇地問魯道夫：「你為什麼能轉得那麼漂亮呢？」

魯道夫笑笑地回答：「這大概是因為我出生在火車上，所以從小就習慣像車輪一樣轉動的感覺吧！」

成功人士常常被賦予各式神奇的成長背景，對於非凡的成就，我們也常常認定他們必有常人所沒有的特異能耐，但事實眞是如此嗎？

當然不是了，好像魯道夫雖然笑稱自己的旋轉能力是源自火車，不過聰明如你，當然也知道，若不是他積極且努力地練習，又怎能跳出如此的好成績？

舞蹈家如此，演員也是如此，他們付出的努力，常常超出你我所想像，例如，爲了表現出角色的情感，他們不僅要努力想像，還要能忍人所不能忍。

當年因〈飄〉劇一炮而紅的男明星克拉克．蓋博，日夜都得拍戲，常常累得精疲力盡，然而為了呈現出最好的戲劇效果，仍然得堅持下去。

當時，曾有記者問他：「你怎麼能把愛情的感受詮釋得如此深刻呢？」

蓋博毫不隱瞞地回答：「在我第一次演出愛情戲碼時，導演便要求我得表現出熱戀男女的那種激渴之情。但事實上，一開始我根本無法抓到那種感覺，甚至連主角的情緒也不知道要怎麼表現。那時，導演對我說：『想想日常生活中你最渴望得到的東西，然後竭盡全力去想像它吧！』

可是，當時我只知道肚子非常饑餓，根本沒有心情去思考生活中的其他需要，所以我一動腦，腦海中就只有一塊又一塊鮮嫩、肥美的牛排。就這樣，我開始拚了命地想著美味的牛排；沒想到這個辦法還真管

用，竟意外地讓我成功詮釋出對愛情的渴求。從此以後，只要導演要求『表現深刻的情感』，我就會請出那塊美味的牛排情人。」

爲了表現出最深刻的情感，他只得盡力想像美味的「牛排情人」，但從中也讓我們看見了，爲了儘早完成工作進度，演員們常常得餓著肚皮日夜趕戲，這其實也寓意著「有付出才有收穫」。對他們來說，所有看似風光的背後，其實都蘊含著常人無法想像的付出和努力。

傳說故事或人們編織出的傳奇，其實都只是錦上添花而已，現實層面上的努力才是最重要的。

無論是魯道夫還是克拉克．蓋博，在他們輕描淡寫自己成功的原因時，隱約間，也傳達出成功的奧秘：「無論是餓著肚子還是不停地旋轉，要想成功就得先努力，沒有流下汗水的成功是不踏實的。別只看到我們風光的表面，想有相同成就的你，要仔細發掘我們那段辛苦付出的過程，然後，你才能以同樣的瀟灑風采吸引人們的景仰目光。」

不懂裝懂等同於自設陷阱

凡事不懂就要問到明白，因為不踏實的學識終究靠不住，與其裝懂，不如坦承自己的無知，並以積極學習的態度換得人們的敬重。

有一位年輕的指揮家正和樂隊在一個半圓劇場裡排練，觀眾席上則有三個小牧童站在台階上安靜地欣賞。

三個人安靜地欣賞了幾分鐘之後，有個牧童臉上忽然露出欽佩的神情，然後對著同伴說：「你們看，那些鼓手還真有本事，竟然能讓那個人獨自站在台上跳起舞來。」

孩子們的無知是可以原諒的，畢竟他們的見識不廣，學習的機會不多，但假以時日，只要他們用心累積、學習知識，還能及時補救自己的不足。

但是，若是大人們明明學識、常識不足，卻偏要裝懂，就只是讓人看笑話罷了，甚至還可能會因爲自己曝短，而喪失了發展的良機。

在一場音樂會中，樂團指揮在音樂會結束後收到一張觀眾寫的字條，上面寫著：「先生，我絕不是告密者！但是，良心使我非得向您反映一件事：你們在表演時，我發現坐在大鼓旁邊的那個傢伙實在太偷懶了，您知道嗎？他只有在您看他的時候，才會裝模作樣地揮幾下鼓槌。」

在這個資訊發達的時代，應該不會有人再提出這麼可笑的問題了，但卻不代表沒有人不會發生以下的情況。

在某一場歌劇中，當第一幕還未演完時，有位觀眾便著急地走出劇場，並

向售票員提出退票的請求。

售票員問：「您不喜歡這齣歌劇嗎？」

觀眾搖了搖頭，說：「不，我很喜歡。」

售票員滿臉困惑地問：「還是位置不佳？」

「位置也很好。」觀眾說。

「那麼，您為什麼要退票呢？」一切狀況都很好卻還要退票，這讓售票員更加困惑了。

只見這名觀眾神色詭異地說：「你知道嗎？一個人坐在這麼大的劇場裡，實在是很恐怖！」

定不下心的人精神當然很難集中、目光自然飄移，腦子裡便會跟著出現各種無謂的煩惱和擔憂，就好像故事中的觀眾一樣，如果心坦蕩，一個人也能氣定神閒地坐在大劇場裡享受「包場」的樂趣啊！

對此小朋友的不足和大人的無知，你會發現大人們自恃年齡而不肯承認不

足的態度更加可笑。

就小朋友們而言，他們的天空還很大，還有無盡的學習機會和機會。

至於大人們總有許多「我大概知道」的理由去拒絕學習，因而不懂學習的態度減弱了，想像的空間也變狹隘了，相反的，無謂的煩惱卻變多了，這是不是很可笑呢？

因此，凡事不懂就要問到明白，因爲不踏實的學識終究靠不住，也一定會有出差錯的一天，與其裝懂，不如坦承自己的無知，並以積極學習的態度換得人們的敬重。

不斷推翻，就能找到答案

法律看起來雖然難解，也有它難以理清的地方，但無論如何，它會引著我們找出一定的答案。

一位法官對他的朋友說：「你能想像我們這裡營私舞弊的情況有多嚴重嗎？前幾天，就在訴訟程序剛要開始時，被告的辯護律師居然送來一千塊美金給我，而且沒想到又過了一會兒，原告的辯護律師也硬塞給我一千二百元美金。不過，你知道的，我絕不是那種會昧著良心偏袒某一方的人。」

「你怎麼處理呢？」朋友問道。

「為了公平起見，我最後歸還了原告二百美元。」法官說。

自以爲的公平正義，結果其中包含的卻是黑暗與虛假；還了二百塊還說是爲了保持「公平」，結果卻成了貪污的重要證明。

對於法律審判，多數人總抱持著懷疑的態度，但這個社會既然需要法律，就代表法律自有其用處，也能代表一定的公正。

有一天，米姆爾問他的朋友史奈衣：「你是法學院畢業的，不知道你能不能講解一下，什麼是猶太法典啊？」

史奈衣點頭，說道：「好，我可以舉個例子來解釋，不過，在此之前，我要先問你一個問題。如果今天有兩個猶太人一同從一個大煙囪中掉了下來，其中一個人的身上沾滿了煙灰，但另一個卻保持得很乾淨，你想他們之中誰會去沖洗呢？」

米姆爾說：「當然是那個沾滿煙灰的人啊！」

「錯！事實上，那個渾身髒兮兮的人看見另一個人沒有弄髒身體，心裡會這麼想：『我的身體一定也是乾淨的！』至於身上乾乾淨淨的人看見滿身煙灰的人，會認為自己可能和他一樣骯髒，所以他定會去沖洗。」

「怎麼可能？」米姆爾懷疑地嘀咕著。

史奈衣接著又說：「好，我要再問第二個問題，他們兩個人後來又一次掉進了煙囪中，這一次你想誰會去洗澡？」

米姆爾想著剛剛的結論，毫不考慮地說：「我知道，較乾淨的那一個！」

「不對，你又錯了。事實上那個較乾淨的人在洗澡時發現自己並不髒，而那個弄髒的人則明白了另一個人之所以要去洗澡的原因，所以這次換他跑去清洗身體。最後再問你一個問題，當他們兩個人第三次從煙囪裡掉下來時，你認為誰會去洗澡呢？」史奈衣一長串地說完後，又提了個問題。

「當然還是那個弄髒身體的人。」米姆爾有些厭煩地說。

「錯，你還是錯了！你見過兩個人從同一個煙囪裡掉下來，其中一個人乾淨，另一個人卻渾身髒兮兮的情況嗎？」

米姆爾一聽，無言以對。這時史奈衣很堅定地說：「這就是猶太法典！」

這是一則需要動腦的故事，表面上看起來頗爲矛盾，但實際上條理非常清楚，總結這三個情況，答案便是：「要不斷地懷疑、不斷地推翻，最後自然會找到公正的答案！」

這便是猶太法典的宗旨。此外，在史奈衣的解說中，還有一個重點：「法律看起來雖然難解，也有它難以理清的地方，但無論如何，它總會引著我們找出一定的答案。」

就像第一則故事舉例的情況，以爲問心無愧，事實上雙手始終沾黑，看似公平公正，但律法始終會戳破你的謊言和虛假。想鑽漏洞的人別再想投機了，因爲路一旦走偏了，第一步你便失去了價值，再一步你也沾染了一身黑，到時想洗清恐怕不是件容易的事啊！

虛心接納人們的批評聲音

只要能靜心聆聽，也肯用心糾正錯誤，我們很快地究會有表現的機會，並聽見人們真正「鼓掌叫好」的聲音。

「爸爸，什麼是歌劇啊？」小彼得問爸爸。

小彼得的爸爸說：「歌劇就是當舞台上一個人被敵人用匕首刺進胸膛後，面對著流出來的鮮血，他會大聲地唱起歌來，而且還可以唱很久很久。」

聽見彼得爹地童言童語的解說，是不是讓你不禁莞爾？聽見彼得爹地的解釋後，關於歌劇你是否又多了一層認識？

觀看舞台劇的趣味便在此，我們能直接感受到演員們的肢體動作和當下情感，也在現場與演員交流情感；換句話說，在舞台上的演員們必須直接面對觀衆們強烈且毫不保留的情感。

在某處表演的歌劇《奧賽羅》，當觀衆們全心投入欣賞時，竟發現那個扮演苔絲德蒙娜的演員是個毫無演技的傢伙。

也許因為觀衆們都太過投入了，因而當奧賽羅作勢要掐死她的時候，台下觀衆居然歡聲雷動了起來，大家紛紛叫喊著：「對，把她掐死就對了！」

在另一個情境下，觀眾們也有類似的直接反應。

有位老師問學生們：「我推薦你們去看的那齣喜劇，你們看完後有什麼心得嗎？是不是很有意思呢？」

同學說：「老師，那怎麼會是喜劇呢？根本是一齣悲劇好不好！」

老師不解地問：「怎麼會呢？」

同學說：「拜託，整個劇場裡只有十六位觀眾，怎麼不是齣悲劇呢？」

正因爲直接面對舞台上的演員，觀衆們當然會毫不保留地把本身的情緒傳達出來。

不但表演環境是這樣，現實生活中更是如此，我們不免會遇到相同的問題，那麼，當我們聽見這樣的批評，或者準備給人直接的批評時，我們又該怎麼聆聽或提議呢？

說我們該說的話，當然也用心聆聽人們的批評，冷嘲熱諷雖然傷人，但是卻極具激勵的效果。

我們可以把「現實情況」據實以報，有時太過轉彎反而容易讓人產生誤解，甚至錯失了面對錯誤或修正缺失的第一時機，就像第三則故事一樣，反諷「悲劇」其實也直接評論了戲劇的好壞。

對學生來說，劇情是否有趣並不重要，因爲沒有票房是不爭的事實，觀衆們不願意買票進場，就代表這齣戲的創作者必有某方面的缺失。

人們的情感是藏不住的，心中的感受也常常會直接地表現出來，因而我們都很有機會像故事中的女演員與喜劇創作者一樣，必須面對人們各種毫不留情的批評。

但是，不要一聽到批評就急著反駁人們不懂，因爲能聽見評論的聲音，便代表人們對我們仍有期許。

只要能靜心聆聽，也肯用心糾正錯誤，我們很快地究會有表現的機會，並聽見人們眞正「鼓掌叫好」的聲音。

時間也能用來解決問題

當我們遇到問題或人們的挑戰時，別著急心慌，也別急著回擊，唯有靜下心來等待，才能找出讓人拍案叫絕的方法。

佩庫曾在琉球王國的某個城鎮任官，但是，能當官並不代表一定能夠「賺錢」，再加上佩庫家的人都不擅長管理財務，因而一家人常常處在挨餓的狀態，日子過得很困苦。

這天，佩庫才剛踏進家門，妻子便對他喊道：「老公，米缸又見底了，今天要餓肚子了。」

佩庫一聽只好牽著瘦馬再走出門，拉緊了褲帶進城找朋友借錢買米。不過，他實在餓得很難受，後來還餓到得用手摀著肚子低頭走路。

這時，正好在街上巡視的琉球國王看見他這樣，便好奇地問：「佩庫，你為什麼要這樣走路啊？」

佩庫抬頭一看，竟是琉球國王，連忙上前跪地稟告：「大王啊！因為我餓到胃痛了。之所以低頭走路，其實是為了找點吃的東西回家。」

國王一聽，搖搖頭說：「來人啊！快拿包米給他。」

佩庫謝過國王的賞賜後，隨即便將米包放在馬背的一邊，只是忽然有包重物加在身上，那匹瘦弱的馬竟然一個重心不穩，倒了下去。

佩庫一看，轉身對國王說：「大王，這

匹馬只馱一包米是無法走路的，我看要是能兩邊各放一包米，應該就不成問題了。」

國王明白了佩庫的要求，點頭答應再給他一包米，然後笑著對他說：「又是你贏啦！」

天下沒有白吃的午餐，佩庫當然也明白這個道理，於是，爲了讓對方送得心服口服，他以「站立平衡」爲理由，暗中請求國王加碼；相較於直接伸手乞討的情況，這個理由讓人不禁莞爾，自然也讓人給得心甘情願。

智者的故事很多，另一則故事也讓人讚嘆連連。

當時，琉球有許多地方都在動工興建房子，所以在這個非常時期，琉球人都很忌諱提到「燒」和「火」這兩個字。

然而，有個木匠聽說人們都很誇讚佩庫的聰明機智，心中不大服氣，於是和夥伴們商量：「我去把佩庫找來，然後和他打賭，只要有人在我們完工前說了

『燒』和『火』這兩個字，就罰一升酒。」

佩庫果然答應了這個邀約，不過木匠們卻等了好幾天後才等到佩庫出現，而且他一看見木匠們，便氣急敗壞地說：「我前幾天到山裡去探訪一位老朋友，沒想到那個人實在太糊塗了，你們知道嗎？他竟用木頭鍋煮粥吃。」

大家一聽，吃驚地問道：「木頭鍋？那鍋子不是很快就著火了嗎？」

原本想贏過佩庫的木匠們，一開始便在佩庫聰明的設計下，脫口說出了「火」字，結果還是輸了。

仔細分析這則故事的劇情，我們能看出佩庫在「時間」點上的利用。他沒有立即對付工匠們，反而拖延好幾天後才出現，這其中的要訣便是利用人們容易「淡忘」的特性。

試想佩庫若在第一時間出現，工匠們自然會反應靈敏，畢竟記憶猶新，當然會處處提防；然而隨著時間慢慢流逝，工匠們自然會慢慢卸下防備。

從這個「方法」延伸思考，我們在遇到問題時，不也是要像佩庫一樣，冷靜處理，並耐心等待最佳的解決時機嗎？

「時間」是一個方法，而「引誘」人們入甕又是另一個智慧巧思，佩庫以「平衡」和「木鍋」爲誘餌，讓人一腳踩進甕中，因而能輕鬆達成他的目的。同樣的，當我們遇到問題或人們的挑戰時，別著急心慌，也別急著回擊，唯有靜下心來等待，才能找出讓人拍案叫絕的方法。

安靜聆聽生命的聲音

「想怎麼走就怎麼走」，生活最重要的不是別人怎麼想，重要的是你能不能體會、領悟。

法國的駐美大使克勞德是位愛好音樂的人。有一天，他在音樂會上聆聽貝多芬的交響樂時，有個婦人忽然問他：「大使，請問世界上還有什麼東西是比音樂更美的呢？」

克勞德冷冷地回答：「有的，夫人，是沉默。」

像婦人一樣，我們是否也曾在錯誤的時候問錯誤的事呢？不能安靜欣賞音樂，還破壞了別人的專注，更打斷了對方欣賞樂曲的好情緒，婦人不僅一開始丟了面子，還爲這樣的行爲表現丟了裡子，讓人們知道原來她只是一個附庸風雅的人。

生活的道理其實很簡單，「自我感受」這四個字是最重要的，所以欣賞音樂要懂得用心去體會感受，聽再多別人的感想也不如自己用心聆聽來得感動。

相同的四個字若運用到人際關係上，能眞誠地傳遞你的心意才是交流的重點，只要能將內在的眞正心意傳達出來，人們自然會原諒你在錯誤的時候說錯話，就像毛拉探視老朋友的情況。

伊朗城內有個老地主生病了，當地智者毛拉前去探望他。在與老朋友告別後，毛拉還禮貌地安慰著老地主的家人說：「老朋友的情況真是令人同情，請你們節哀順變。」

地主的家人聽見毛拉竟說起哀悼的話，心中十分不悅，立即糾正他：「先生，人還沒死呢！」

毛拉卻點了點頭，說道：「我知道，我只是早一日祈禱他安息，因為近來天氣嚴寒，我也上年紀了，行動變得越來越遲緩，我擔心我在他死後無法前來弔祭，所以還是先向你們表示慰問比較妥當。」

因爲每個人對人生的觀感不同，於是這份早到的慰問因此而生，看似錯誤的時候做出了錯誤的慰問，事實上，其中充滿著對生死觀念的反思與對老友的關懷。或者我們可以這麼說，毛拉其實早已看透生死，對他來說死也如生，所以他敢於突破禁忌以此回應，也無所避忌地預測自己可能也不久人世。

事實上，關於生死的問題，從古至今世界各地的人們都有許多討論，其中當然不乏坦然面對的智者，像阿拉伯智者朱哈也曾提出獨到的見解。

「您覺得我們在送葬的時候，最好是走在靈柩的前面呢？還是跟在靈柩的後面走呢？」某個人向朱哈請教。

朱哈聽了這麼回答：「答案其實很簡單，只要你不是睡在棺材裡頭，你想怎麼走就怎麼走。」

我們藉由不同的故事，一層層地進階思考，也看見了人們對生死認知的不足，生時我們總看不見問題的重點，也悟不出生命的目的，卻經常要從「死」的層面中尋找生活的領悟、啓發。

朱哈說「想怎麼走就怎麼走」，是因爲生活最重要的不是別人怎麼想，重要的是你能不能體會、領悟，好像聰明的人應當聽得出那份早到的慰問也一樣是個祝福，更明白音樂傳播的目的不是與其他東西比較好壞，而是要能撫慰人心。

該怎麼走就怎麼走，善用我們的智慧思考，才能拍攝出一張又一張漂亮的生活畫面。將故事再作延伸，大使的「沉默」其實也蘊含了啓發：「學會在重要的時刻保持安靜，你才能聽見生命中最美妙的音符。」

動腦多一點，問題少一點

那些習慣等待解答的人們，在得到明確答案之後，即使機會在手，即使第一步已經成功踏出去，他們依然會走向失敗。

受洗會上，牧師輕輕將小嬰兒抱起，準備好好為這新生命祈禱祝福，但就在他準備祈福時，只見他嘴巴張開了，卻一點聲音也沒有發出來。

原來，牧師忘了嬰孩的名字，雖然拼了命的回想，卻始終都想不起來，最後只得偷偷的問嬰兒的父親。

年輕爸爸指了指嬰兒的尿片，然後說：「那兒，尿片！尿片！」

牧師明白地點了點頭說：「喔！願上帝賜福給『尿片』，阿門。」

祈禱會結束後，一群人從教堂走了出來，嬰孩的母親忽然啜泣了起來，孩子的父親臉上也寫滿不悅，兩人站在門口，等著牧師出來。

「牧師，你是怎麼搞的？怎麼能給孩子取『尿片』這樣的名字呢？」嬰兒的父親不滿地質問。

「什麼？是你自己說孩子叫『尿片』的，不是嗎？」牧師滿臉無辜地說。

「我怎麼會叫我兒子尿片呢？剛剛我是在暗示你，孩子的名字就寫在尿片上啊！」孩子的父親不悅地糾正。

給了暗示，卻還是理解錯誤，眞要追究，責任當然得由牧師負起，不是嗎？常見許多人就像牧師一樣，總推說自己眞的無能爲力，以迷糊當作藉口，其實都是想逃避責任，一旦出了狀況，或是得了一個失敗的結果，總是習慣把「錯」全推說是別人的「過」。

生活是我們自己的，看似不嚴重的小動作，其中常常意味著一個人處事的態度，將孩子的名字誤解成了「尿片」雖然只淪爲笑談，但是不夠嚴謹認眞的工作態度，卻也經由這個小動作被人們看得大清二楚。

如果還不明白問題的重點，我們再舉一則小例子，從中我們將更加清楚，見微知著的可信度。

書店裡，一位讀者向店員詢問：「你好，我打算到義大利度假，大約兩個星期，不知道你們這裡有沒有相關的旅遊圖書？」

「當然有啊！您真是太幸運了，這裡正巧有一本昨天剛到的新書《義大利十日遊》。」店員拿起正準備整理上架的書給他。

讀者把書接過，原來的笑容忽然不見，他困惑地問：「是不錯，可是……那我最後四天要怎麼辦？」

你認爲最後四天他該怎麼辦？其實，計劃旅行並不困難，重點在於我們是否願意用心規劃，或者只想當個盲驢，任人牽著走？

看看那個連收到暗示卻仍找不到答案的牧師，以及給了方向目標，卻還是不知道要怎麼走到終點的旅人，我們也看見了許多人常見的問題。那些習慣等待解答的人們，在得到明確答案之後，即使機會在手，即使第一步已經成功踏出去，他們依然會走向失敗。

因爲，接下來的路如果人們不再指引，他們的步伐仍只會在原地踏步，終點目標依然遙遙無期。

遇上困難，不要只想著向人詢問解答，不妨多給自己一點時間尋找答案吧。沒有親自經歷過困難，就永遠也學不會解決問題的辦法，一旦再遇上了困境，不只不會解決，恐怕還會陷得更深。

人生不怕困難重重，只怕我們沒勇氣迎戰，沒有決心解決，或許生活中的難題很多，但沒有一個是無解的，只要我們肯用心動腦，肯認眞學習，相信很多事情都能迎刃而解。

所以，別再被那「十日」遊的計劃書侷限了，若有重要景點或最愛的風景區，不如在時間規劃上多分配一些，給自己多一點體會美景的時間，好讓這趟旅程不會有走馬看花之憾。

PART 6

懂得幽默，就能輕鬆溝通

很多遺憾萬分的事，都是起因於溝通不良，引爆點往往是微不足道的小事。如果幽默一點，看著自大自捧的人表演，也是一件有趣的事。

靈活運用說話技巧，成效會更好

轉個彎說話，不必明說也能讓人得到啟發，不必點破也能讓人聯想到問題的核心，這些正是聰明人解決問題最常用的技巧。

導遊正帶著一批旅客參觀一間古堡，走到很長很深的地道裡時，一群人在地道內發現了好幾具骷髏。

「天哪！怎麼有這麼多骷髏，這裡到底怎麼一回事？他們生前是做什麼的？」一位旅客好奇的問導遊。

只見導遊聽了，似笑非笑地回答說：「我想，他們一定是那些捨不得花錢請導遊的旅客吧！」

到底骷髏是否眞因爲迷路所以喪命，大概只有骷髏們自己知道，不過導遊藉機把握行銷生意，聰明的人一聽就知。

其實，人們對於太直接的要求或明示，往往感受較強烈，如果不顧及當事人的感覺，很容易讓人產生誤解或不良的印象而遭人拒絕，所以說話的時候要借風駛船，轉個念頭，便能乘風而行！

就像故事中聰明的導遊不多說其他恐怖傳聞，而是輕輕開了亡者一個小玩笑，也輕鬆的給了旅客們一個記憶觀念：「如果想進古堡探險，還是找個專業的導遊陪伴吧！」

轉個彎說話，即使不必明說也能讓人得到啓發，讓問題不必點破也能讓人聯想到問題的核心，這些正是聰明人解決問題的最常用的技巧，好像下面這位教授的趣味引導。

有一間基督教大學每年都會將應屆畢業生的合影掛在學生活動大樓內，並且還會細心地在每個班級的鏡框旁，貼上最符合該班精神的《聖經》章節來作輔助說明，並給予同學們訓勉。

這一年也是如此，某個畢業班的同學便問教導他們的教授：「教授，您覺得我們要引《聖經》中哪一章節來代表我們班的特質呢？」

「第十一章三十五節。」教授毫不猶豫地回答。

同學們一聽，一個個急忙翻開《聖經》，找到了教授指出的那一節，上面寫著：「耶穌在哭泣！」

教授不說重話，不多給訓辭，而借耶穌的眼淚讓學生們省思，這些年來教授對他們的失望，從中或者更能引人深深自省吧！

人和人之間溝通原本就很耗費心力，確實需要我們多動腦發揮一些幽默感，畢竟，要能關照對方的自尊心，同時還要讓人肯聽進耳朵裡，那可不是隨口說說就能收到成效的。

好像第一則故事一般，擺進了過分恐怖的傳說，雖然能挑起人們的好奇心，可是若拿捏失了分寸，最後只會出現反效果，從此再無生意上門。至於教授的暗示借用，確實能數到極佳的效果，感性的「眼淚」形象，不只軟化了學生們的心，也潛入了同學們的思考裡，相信受教的人會從中認眞體會到：「就要出社會了，再也不能像學生時一樣怠惰、散漫了，要積極面對未來，好讓教授能對著我們笑！」

明白其中寓意嗎？

那麼下一次，當你們遇到了相似的難爲情況或獨特需要時，希望能妥善運用機智巧妙的幽默對答解決一切難題。

遭到不平待遇，記得幽默反擊

面對難以解決的情況時，就將所有不快包在幽默話語中反擊回去，不但可以避免互相叫罵的場面，還可以宣洩情緒。

某個軍營裡，連長經常巡視食堂的狀況，檢查伙食，雖然歡迎士兵批評，但是實際上提出來也沒有什麼用。

有一天，中午推出的菜湯特別難喝，幾乎沒人想動碗。

連長見了便問：「大家對中午的伙食有沒有意見？」

「報告連長，有。」一個新兵大膽舉手說：「我的湯裡有一塊碎布。」

「我的湯也有。」

「我的湯裡有一顆鈕釦。」越來越多的新兵附和。

「報告連長，」這時值星官乾脆說：「要不要清點一下伙夫人數！可能有一個掉下鍋裡去了。」

生活中難免碰到使人不滿，或者無法在當下改變情勢的時候，這時候，幽默式的嘲諷就成為最好的反擊武器，這種說法藝術可以讓對方尷尬、出糗，卻不能反擊，以免自打嘴巴。

杜羅夫是俄羅斯非常出名的馬戲團丑角演員，某一次演出的休息時間，一位觀眾走到他身邊，半笑著撇嘴問：「丑角先生，你非常受到觀眾歡迎吧？」

「還好。」杜羅夫謙虛回答。

「想要在馬戲團中受到歡迎的丑角，是不是就必須具有一張愚蠢且醜怪的臉蛋呢？」觀眾傲慢且自大地說。

「確實如此。」面對這名觀眾的嘲諷，杜羅夫一點也不生氣，回答說，「如果我能生出一張像您那樣的臉蛋兒，一定能拿到雙薪。」

英國首相邱吉爾常常受到來自各方的惡言攻擊。

在一次議會上，一位女議員恨恨地對他說：「如果我是你的妻子，就在你的咖啡裡放毒藥。」

邱吉爾也馬上回答道：「如果我是妳丈夫，我就馬上把它喝下去。」

美國總統林肯從來不擺架子，有些事只要自己能解決，就儘量不讓別人代勞，包括一些日常瑣事也不例外。

有一天，某位外國外交官看見林肯在擦自己的靴子，便帶著嘲諷的口氣問他：「嗯，總統先生，你經常擦自己的靴子嗎？」

在這位外交官看來，總統自己動手擦靴子，未免有失體統。

林肯答道：「是啊，難道你經常擦別人的靴子嗎？」

某位參選議員落選後，被說服參加那些曾攻擊過他的獲勝者招待會。最後請他發言時，他說道：「我要向那些和我一同競選對手的誠實表示衷心祝賀，他們說過，任何一個最愚蠢的人都可以戰勝我！」

安妮．蘭德斯是美國《太陽時報》的專欄作家，以機智幽默聞名。在一次大使館的招待會上，一位相當體面的參議員向她走來，開玩笑說：「妳就是安妮．蘭德斯吧，說個笑話吧！」

安妮小姐毫不遲疑地答道：「你是政治家，說個謊話吧！」

諷刺式的幽默，可以沖淡不愉快的氣氛，以及不悅的心情，對付那些不懷善意的人，不但可以避免互相叫罵、耗損形象的場面，還可以宣洩情緒，甚至爲自己博得機智美名。

面對難以解決的情況時，就將所有不快包在幽默話語中反擊回去，以其人之道還治其人之身，尤其身處是非之地的人們，更需要具備這樣的言談技巧，才能適時保護自己。

能夠自嘲就是充滿自信

> 只有自卑的人，才無法拿自己開玩笑，真正有自信的人，可以知道自己的優點，面對自己的缺點，並接受它。

一對夫妻翻著相簿，回憶當年認識的往事時，丈夫對妻子說：「親愛的，那時候的妳，擁有可口可樂般的身材呢！」

「親愛的，」妻子微笑答道：「我現在仍然有可口可樂的身材，只不過現在是兩公升裝的而已。」

外貌、身材常是人們最在意，也最容易被拿來開玩笑的話題。

很多人無法面對自己的「不夠完美」，長期生活在被人當作話題的陰影下，不免自卑自棄。遇到這種時候，就要設法用幽默代替沉默，只要能勇敢面對，在談笑裡像文中的妻子般自嘲，反而能淡化缺點，讓人覺得可愛。只要有自信，就會散發出喜悅氣氛，吸引他人的注意，這時要和人打成一片就更容易了！

從前有個百萬富翁，胖得像頭大肥豬，到了夏天，常常因為天熱難耐，只好躺在大廳上乘涼。可是就算大廳所有的門窗全都打開，他還是熱得渾身大汗，流個不停。

富翁熱得受不了，連忙將僕人喚來，要他為自己搧風。僕人拿來一把大扇子，不停地替他搧著，他嫌不夠涼快，叫僕人出點力猛搧。

搧了半天，富翁才覺得心裡和身體的暑氣全消，摸一摸身上，半滴汗珠也沒有，不禁心情大好，笑著說：「咦，我的汗哪裡去了呢？」

僕人又累又熱，一邊擦著額頭上豆大的汗滴，一邊沒好氣地答道：「老爺，您的汗全都跑到我的身上來啦！」

美國幽默作家班奇利在報上發表的一篇文章中寫道，他花了十五年時間才發現自己沒有寫作的才能。

有位讀者沒能體會出作家是以幽默的語言，表達謙虛的意思，竟十分認真地寫了封信給作家，在信中勸他說：「你現在改行還來得及。」

班奇利回信給這位讀者說：「親愛的讀者先生，來不及了。我已無法放棄寫作，因為我太有名了。」

拿自己開玩笑，面對自己的錯誤或缺點，不但可以幫助自己勇敢面對它，甚至能將缺點轉爲優點，就像歌手趙傳曾經唱過的一首歌〈我很醜，可是我很溫柔〉，反讓人留下深刻的印象。

一位獸醫半夜接到一個老太太打來的電話。

「對不起，打擾你了。我的兩隻小狗搞在一起，無法把牠們分開。」

「朝牠們身上澆桶冷水。」獸醫邊打哈欠邊建議。

「我已經這樣做過了，可是牠們根本不理會。」

「那麼……妳可以用棍子打牠們。」

「這個我也做過了，可是牠們依然如故。」

「好吧。」獸醫無可奈何地說：「把電話放好，抱牠們到電話旁邊，等會我打個電話給牠們。」

「這樣會有效嗎？」老太太疑惑地問。

「當然有效！」獸醫回答說：「妳剛才就是那樣把我們分開的。」

獸醫爲了安慰自己閨房之樂被中斷的苦處，只能自我解嘲。

自嘲是一種圓融處世的幽默藝術，除了可以解決生活中大小不愉快的事外，還可以幫助自己更有自信。自嘲和貶低自己是不同的，是在不傷自尊的情況下，用幽默的態度面對自己的缺陷，讓別人了解，並且體諒。

適時的自我調侃可以化解尷尬場面，只有自卑的人才無法拿自己開玩笑，眞正有自信的人可以知道自己的優點，面對自己的缺點，並接受它。

用誇張的幽默打破冷漠

「誇張幽默」有恐嚇意味，但是換個角度想，這也是一種另類關懷法，可以打破橫阻於彼此之間的沉默與冷默。

馬來西亞柔佛市的道路旁，到處張貼著交通部製作的海報，上頭寫著：「閣下駕駛汽車，時速不超過三十英哩，可以欣賞本市的美麗景色；超過六十英哩，請到法庭做客；超過八十英哩，歡迎光顧本市最新醫院；上了一百英哩，就踏上通往天堂之路！」

墨西哥一個邊境小城市入口處，也懸掛著一些醒目又幽默的交通告示：「請司機注意，本城一無醫生、二無醫院、三無藥品。」

「不要拿生命做賭注——這是你唯一的王牌。」

「此處已摔死三人，你願意做第四個嗎？請加速向地獄飛奔吧！」

對於交通安全的勸導，說再多好話也沒用，只有用誇大的「死亡標語」才會讓駕駛員多一點警戒。

誇張的幽默，不但讓人印象深刻，也可以忘卻痛苦，添一點樂趣。正確來說，就是將「痛苦」提出來，用誇張的手法將它放大，再去看它時，就會有不同的感受，讓人因此轉移注意力，避免繼續鑽牛角尖。

從前有個人，自小做事就是隨隨便便、馬馬虎虎的，嘴裡老是說著這樣一句口頭禪：「三九二十九，大數勿走，差不多，差不多！」因此大家都他叫「差不多先生。」

有一天，鄰居見差不多先生家裡的一堵泥牆快要倒塌，便勸他趁早拆下重修，以防不測。

可是，他只用一根木頭撐一撐，說道：「三九二十九，大數勿走。何必花費，這一撐也就差不多啦！」

話才剛說完，「危」牆轟地一聲塌了下來，把他壓在底下。

差不多先生的傷勢很重，老婆叫孩子去請醫生，一會兒孩子回來說：「醫生到外村出診了，晚上才回來。」

老婆著急地問：「還有別的醫生嗎？」

孩子答道：「醫生倒還有一個，可他是個牛醫。」

差不多先生聽了母子兩人的對話，勉強開口說道：「趕快把他請來，醫牛跟醫人其實也差不多……」

就這樣，牛醫被請來了。牛醫用醫牛的方法替差不多先生醫治內傷，不但沒有把他治好，反而使病情加劇。

眼看差不多先生快死了，老婆孩子個個哭成淚人兒，差不多先生卻用最後一點力氣說：「別傷心……死人跟活人除了少一口氣……其他的也差不多……」

看完了差不多先生的遭遇，讓人很難爲他感到難過，甚至會想大笑，像這樣誇張的幽默可以讓人放鬆心情，不再執著於「死亡」這件事。

有時候人們會認爲，「誇張幽默」有恐嚇意味，但是換個角度想，這也是一種另類關懷法，可以打破橫阻於彼此之間的沉默與冷默。面對誇大又好笑的「安慰」，至少有一半的憂慮會被笑聲趕走。

日常生活中，不妨試著欣賞、運用誇張的幽默，它能帶你走出人際交往的困境。

幽默的態度可以避免正面衝突

幽默的態度能避免正面衝突，使爭執場面和緩下來，適時的自嘲則能化解緊張氣氛，把危機變為轉機。

老王在街上匆匆忙忙趕路，不小心撞到一位路人，兩人都跌倒在地。

老王自知理虧，又怕對方罵人，便先說：「真是不好意思啊！我的眼睛不好，不僅近視，度數還破千，簡直就像個瞎子。您沒事吧？」

對方原本難看的臉色，一聽到他這樣說，便笑著道：「真巧！原來我們都是近視一族啊。我的眼睛也不太好！」

說完，兩人便大笑幾聲，互相扶持，和氣道別離開。

遇到問題時，如果對方氣在頭上，或者心懷不軌，正面衝突常常會導致更糟的下場。

想辦法讓對方平息怒氣、轉移目標，甚至言行「自貶」，都不爲過，最重要是能自保。

路人被撞倒後，聽到老王的幽默自嘲，也就釋懷了。但是，有許多人被撞到的第一個反應往往是破口大罵：「你是瞎子，不會走路啊！」

這樣不但讓雙方不愉快，也可能爲自己帶來災害。若能像老王一樣，開自己玩笑，雙方愉快和解，那就更好了。

美國費城盜賊猖獗，搶劫事件頻傳，人們為了保全自己生命，外出時都會準備幾塊美元放在身上，被劫時乖乖奉上，避免強盜搶不到錢憤而殺人。

有一次，著名心理學家湯姆遜外出辦事，回程時天色已晚，整條街上靜悄悄的，連個人影都沒有。

他摸一摸舊大衣內的兩千美元，心裡不免擔憂起來。

湯姆遜全神警戒快步走著，來到一處轉角時，突然聽到身後多了一道腳步聲，不管他如何調整速度，或快或慢，怎麼也甩不掉這個人。藉著地上的影子，湯姆遜判斷對方是個高大的傢伙，自己毫無勝算。

突然，他急中生智，冷不防地轉過身，朝那大漢迎面走去，用淒慘的聲音對大漢說：「先生發發慈悲，給我幾個錢吧！我餓得快發昏了。」

戴鴨舌帽的彪形大漢打量著他，見他一副寒酸相，嘟囔著說：「倒楣！我還以為你口袋裡有幾百美元哩！」

大漢說完，隨即從口袋裡摸出一點零錢拋給湯姆遜，然後把衣領豎起來半遮著臉，很快閃進黑暗的角落去了。

傳說唐伯虎爲了躲避出仕，不惜廣納妻妾，敗壞自己的名聲；秦朝將軍王翦怕軍權過高，秦始皇對自己有所顧忌，三番兩次向秦始皇請求賜予田宅。

這種預防方法，雖然不免「污」了自己的名聲，卻能保住自己的性命，也算一種高明之策。

心理學家湯姆遜就是利用這種方式，讓搶匪以爲自己鎖定的大魚甚至比泥鰍還不如，連搶奪意願都沒有，甚至自認倒楣丟給他幾塊零錢了事。

幽默的態度能避免正面衝突，使爭執場面和緩下來，適時的自嘲則能化解緊張氣氛，把危機變爲轉機。

或許，向人賠罪或者自貶、自嘲，有損「形象」，但是只要想想，這麼一點「讓步」，看在對方眼裡，也必定能感受到你的心意，結果可以皆大歡喜，不也是一件美事？

用幽默的方式拒絕讓步

拒絕之後也不傷害到彼此關係，就是一個成功的拒絕法，如果懂得讓幽默來帶領氣氛，說不，不是一件為難事。

現實生活中，我們常常拒絕別人，也常常遭到拒絕，懂得用幽默機智的方式面對，無疑是圓融處世的關鍵。

某間教會來了一個新牧師，為了鼓勵教友作禮拜，用了一種獨特的手法。

第一次對信徒們佈道時，他對大家宣佈：「如果你們不願意讓牧師到你家去看你，那麼每個星期天就要到教堂來。」

人都會有拒絕別人與被拒絕的時候，不管是哪一方，多少都會覺得尷尬、不好意思，不能避免這種狀況時，不妨讓幽默扮演其中的潤滑劑。

美國幽默作家馬克・吐溫聲名大噪後，許多想攀援附勢的人紛紛出現，每天登門拜訪的多不勝數，各式各樣的理由都有，說穿了就是為了和大作家扯上一些關係。

除此之外，馬克・吐溫收到的信件多如雪片，除了仰慕他的讀者外，也不乏這類無聊人士。其中最特別的，就是將自己的照片寄給馬克・吐溫，並聲稱自己和作家相貌酷似，以此要求作家回答問題，而且為數不少。

他們總是要求馬克・吐溫告知對自己印象如何，未來是否也能像他一樣成為知名人物等等各式各樣的怪問題。

馬克・吐溫非常討厭這些日漸增加的無聊來信，於是擬好一封回信，印製數份，分寄給每個詢問者，信中內容是這樣寫的：「先生，由衷感謝您的來信和照片。正如您所期望那樣，閣下的尊容比所有那些像我的人更與我相似。我感到非常榮幸地通知您：您之像我，甚至遠遠超過我之像我。每當我早晨修臉找不到鏡子的時候，自然而然就用您的照片來代替了。」

用恭維的方式拒絕對方，不但讓人心情好，又不會傷害到別人，甚至可以感受到自己獨特的幽默感。

有一次，海明威在哈瓦那的一場宴會上，遇到一個才無半斗，卻眼高過頂的作家。他纏著海明威交談，希望能攀點關係，好幾次海明威找藉口想脫身，那位作家卻糾纏不休。

直到宴會快結束，那位作家才向海明威表示他的願望：「海明威先生，我早就有心為你寫傳記了，希望你死了以後，我能獲得為你寫傳記的殊榮。」

海明威不喜此人，又不想撕破臉，就笑著回答道：「既然我知道你想為我寫傳記，就不得不設法活久一點了！」

海明威有一個習慣，就是躺在床上讀書、寫作。

某一天早上，有個記者要來採訪，他向來不愛出風頭，可是又不方便拒絕，只好讓人請他到臥室來。

記者進了臥室，看見海明威躺在床上沒有起身的意思，又找不到椅子坐，只好尷尬地站在那裡。

這時，海明威的太太走進來，看見了這種場景，便說：「你自己躺著，讓客人站著，這像話嗎？」

他想了想，折衷說：「好吧，叫僕人在這裡加個床位。」

海明威的拒絕方式，雖然有些戲弄，卻不失幽默。

拒絕他人，本來就不是一件容易的事，還要視對象拿捏自己的態度，該堅持的時候就不能讓步。這時候，就要運用幽默的說話方式。

拒絕之後不傷害到彼此關係，就是一個成功的拒絕法，如果懂得讓幽默來帶領氣氛，說不，不是一件爲難事。

創造驚奇，引起別人的注意

烙在心裡的第一印象是很難抹滅的，一開始給人好印象，就成功了一半，懂得用幽默的態度把握好第一次，就能擁有最美的結果。

一位年輕美麗的太太，陪丈夫參加校友聯歡會。

那天天氣很熱，他們開著一部敞篷車，途中，一隻黃蜂飛到她低胸的上衣前，在她胸口上猛螫了一下。

就這樣，在這個週末聯歡會上，她的「第三乳房」成為眾校友取笑的對象。

五年後，時間好不容易使創傷平復，在丈夫遊說下，她再度參加校友聯歡會。在這次會場中，所有人都認得她，卻沒有一個人記得她丈夫。

很多事情都會被遺忘，只有「趣事」不容易消失，尤其是最初的印象。當我們第一眼就能讓對方感到「驚奇」、「好玩」，接下來就算進行的是無聊的話題，也會變得有趣。

不管是使用語言、姿勢，或肢體語言都可以引起他人的注意力，將幽默感注入「驚奇」，會有事半功倍的成果。

阿凡提擁有成群的兒女，生活開銷自然不少，全家常處於衣食無著的狀況。有一天晚上，他站在院子望著天空自言自語，隔壁一個大富翁看見他奇怪行為，好奇的豎起耳朵靠近圍牆，想弄清楚阿凡提說些什麼。

只聽阿凡提大聲祈求著：「真主，您的寶庫是用之不竭的。為何不給每個窮人一千銀幣呢？要是給了，也不會減少您的財富呀！萬一您很吝嗇，就什麼都不要給，少一文我就不要了！」

聽清楚阿凡提話語的財主，心生歹念，想要捉弄阿凡提一番，於是用錢袋裝了九百九十九個銀元，隔著牆用力拋到阿凡提面前，然後悄悄爬到屋頂上看動靜。阿凡提聽到物體落地聲，一看是個錢袋，就高興地撿起來，打開一數，還差一元才夠一千。

他以為掉了一個，便在院子裡仔細尋找，可是找來找去就是找不到，只好大聲地說：「真主，我想仁慈的您，是想給我一千銀元的，只不過因為事務忙亂才少數了一元。我沒有理由怪您，只好接受您的恩賜啦！」

財主聽見了，慌忙從屋頂上喝道：「那錢是我的，快把錢袋還給我！」

阿凡提說：「真主救濟窮人的錢，你也想吞掉嗎？」

財主急得快哭出來，忙著解釋：「你剛才說要真主給你一千銀元，少一文也不要的，所以我想試探你一下，才拋給你九百九十九個銀元。阿凡提，我這是開玩笑的呀！」

阿凡提笑道：「原來你在跟我開玩笑，不是真的想奪我的錢，那就謝謝你，再見囉！」

說罷，阿凡提立即跑回屋裡。

仔細推敲，阿凡提眞的在向上天祈求恩賜嗎？

當然不是，他只想藉著奇怪的動作和有趣的言語引起富翁注意。等到富翁上當後，在半開玩笑半認眞的情況下把錢納爲己有。

烙在心裡的第一印象是很難抹滅的，一開始給人一個好印象，就成功了一半。如同電影預告片，總是剪輯最精采、最有趣的片段引發人們觀看的慾望。

說話的藝術也是如此，和陌生的朋友、客戶碰面，只要懂得用幽默的態度把握好第一次，就能擁有最美的結果。

懂得幽默，就能輕鬆溝通

很多遺憾萬分的事，都是起因於溝通不良，引爆點往往是微不足道的小事。如果幽默一點，看著自大自捧的人表演，也是一件有趣的事。

幾對年輕夫妻聚在一起聊天，其中一個男人說：「夫妻之間不能談真理，因為真理太冷酷了。」

話才剛說完，他的妻子便跳了起來，大聲反駁：「怎樣，你有什麼不能和我談的？你和我應該要無所不談才對！」

這個男子看著怒氣沖沖的老婆，仍然帶著微笑說：「各位請看，我剛才說的話當場應驗了。」

世界上要找到一對性格完全契合，不會有任何爭吵的伴侶，幾乎是一件不可能的事，尤其在這個年代，獨立人格被重視，兩人的關係若建築在其中一方的忍氣吞聲，這份感情必定有所缺憾。

但是，爲了找到契合的另一半，在擇偶或者選擇來往對象前，都要先合八字、命盤，才能進一步交往嗎？如果眞是這樣，到時候累死的肯定是自己。

會起爭執必定事出有因，最大的問題就在於溝通不良，再加上彼此欠缺幽默感，固執、不肯讓步，事情才會一發不可收拾。

從前有對夫婦，兩個都是有名的吹牛大王，常常因為誰也不肯讓誰而鬧得天翻地覆，人仰馬翻。

有一天，妻子口沫橫飛地對丈夫說：「牛皮不是吹的，泰山不是堆的，天下最了不起的是我們女人家，連山也能扳倒呢！」

丈夫不信，妻子振振有詞說：「你說婦人的『婦』字是怎麼寫的？不是一個『女』字加一個倒山（彐）嗎？這就說明婦女能扳倒山啊！」

丈夫聽了也不甘示弱，回嘴說：「這有什麼了不起的，我們男子漢更厲害，天也能通哩！」

妻子不相信他的話，說他吹牛，丈夫得意地答道：「你說丈夫的『夫』字是怎麼寫的？不是『天』字通上去嗎？這就說明丈夫能通天哪！」就這樣，兩人吵了起來，都認為自己有理，不肯讓步。吵到最後，甚至動起了拳腳，結果就這樣鬧到公堂上。

縣官在吵吵鬧鬧中，好不容易聽清楚兩人的問題，翻遍刑律，卻怎麼也找不到吹牛該當何罪。正在著急時，靠吹牛進到衙門的師爺在一旁見了，怕他們倆將來強過自己，趕緊寫下幾行字給縣太爺：**媳婦扳倒山，丈夫能通天。兩人若留後，禍患不堪言。不如早動手，打發下黃泉。**

縣官看罷，糊裡糊塗拿起硃筆，在後面批上「立斬」兩字，真的打發這對夫婦到黃泉去了。

爲了一丁點小事而喪了命，實在可惜。想必他們夫婦倆到了黃泉，連閻羅王都會受不了。可是，在生活中，類似這樣的事情還眞是層出不窮，很多今人遺憾萬分的事，都是起因於溝通不良，引爆點往往是微不足道的小事。

如果每個人都要把自己的見解強壓在別人身上，不管對方接不接受，也不管對方反應爲何，那麼紛爭永遠不斷，不論關係親如血緣，或是只有泛泛交情，起衝突只是時間早晚的問題。

如果幽默一點，能換個思維，就當對方是在「吹牛皮」，笑笑地姑且聽之，那麼問題根本不會產生。退一步海闊天空，看著自大自捧的人表演，有時候不也是一件有趣的事嗎？

PART 7

用歡笑代替氣惱

碰到尷尬的情況，用不同的情緒去面對，
就會有不同的結果，用幽默心情帶過，
笑聲可以解決氣惱。

設身處地思考，爭執自然減少

過分私心運用，很難有圓滿的結果，若能多替對方著想，自然不會聽見人們的埋怨否定，更不會老與人們產生心結或摩擦。

見天色已暗，英國紳士只好在這個旅遊勝地內唯一的一間賓館投宿。

「對不起，請給我一個好的房間。」紳士客氣地請求。

服務員看了看他，卻問：「你有事先訂房嗎？」

「沒有！」紳士說。

「那對不起，目前房間已經客滿了，無法安排。」服務員說。

紳士一聽，不悅地說：「真的沒房間了嗎？聽好了，如果我說，今晚總統臨時決定到這裡來住宿，你應該會馬上幫他準備一間客房吧？」

服務員點了點頭說：「那當然啦，他是總……」

服務員話還沒說完，紳士便插話說：「好！現在，我將非常榮幸地通知你一聲，總統今晚不會來了！所以，麻煩你把他的房間給我吧！」

這位紳士的思考邏輯真是敏捷又獨特。順著紳士的問題反思，服務生其實已透露出「仍有空房」的情況，不是嗎？

站在商人的立場，或許這預留的動作另有用意，但面對眼前較迫切需要的人來說，這樣的預留動作便顯得有些不近人情了。

商戰場上的規矩本來就因人而易，我們很難得出公正的法則，不過，下面這個例子頗值得我們認真思考。

村裡的婦人們正在活動中心開會，這會議已經進行了三個小時，看起來一時之間還沒法子結束。

這時，有位中年婦女忽然站了起來，然後轉身朝向門口走去，主席見狀，不悦地問：「安娜，妳要去哪裡？這會議還沒結束啊！」

安娜回頭望了望主席，也老大不高興地回答說：「我家裡有孩子呀！我得回家看一看他們。」

這理由是可以體諒，所以安娜便離開了。

之後，會議又進行了二十分鐘，這時又有位年輕的婦人站了起來。

「莎拉，妳要去哪裡啊？如果我沒記錯的話，妳家中可沒有孩子呀！」主席不滿地阻止。

莎拉先是點了點頭，然後淡淡地說：「主席，如果我一直坐在這兒，那我家又怎麼會有小孩呢？」

相似的「不近人情」，相似的爭取權利動作，男女主角都不直指對方的問題，而是轉個彎反駁，讓對方知道生活之中更迫切的問題核心，讓他們知道，不要只懂得照顧自己的權利，而忽略了別人的感受與需要。

走出故事，回想現實生活中的大小問題，類似的情況其實屢見不鮮，不少人和主席或賓館人員一樣，只知照顧自己的需要和情緒，卻忽略甚至是剝奪了別人的利益。遇見這種狀況，就要靈活運用自己的幽默，就好像故事中莎拉的情況，開玩笑說要「回家生小孩」，也指出了會議冗長的問題，讓她浪費了不少能安排的時間？

其實，無論是經商交易或是一般人際互動，過分私心運用，很難有一個圓滿的結果，若能多替對方著想，多站在客人們的角度多作一點考量，自然不會聽見人們的埋怨否定，更不會老與人們產生心結或摩擦。

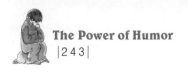

用幽默的心情面對不如意的事情

幽默的人碰到情緒問題時，不會一下子爆發，反而能從問題點尋找發洩的管道，苦中作樂，享受一個沒有悲苦的人生。

作家鄧肯曾經寫道：「幽默是打破沉默場面，最好的開場白。」

因爲，當對方沉默以對，或是場面尷尬的時候，最重要的就是打破沉默的局面，這個時候，如果你懂得發揮幽默感，說些風趣詼諧的話語，就可以化解原本僵滯、對立的場面。

人生處處是意外，假如在餐廳裡的啤酒杯中發現蒼蠅，身為顧客的你，將怎樣處置呢？據說，以下是六個國家的人不同的處理方法。

英國人會以紳士的態度吩咐侍者：「換一杯啤酒來！」

法國人會將杯中物傾倒一空。

西班牙人不去喝它，只是留下鈔票，不聲不響地離開餐廳。

日本人會令侍者叫來餐廳經理訓斥一番：「你們是這樣做生意的嗎？」

沙烏地阿拉伯人則會把侍者叫過來，把啤酒遞給他：「我請你喝！」

美國人比較幽默，會向侍者這麼說：「以後請將啤酒和蒼蠅分別放置，由喜歡蒼蠅的客人自行將蒼蠅放進啤酒裡，你覺得怎樣？」

喜劇泰斗卓別林曾說過：「如果用特寫鏡頭看生活，生活就是一場悲劇；如果用長鏡頭看生活，生活就是一場喜劇。」

藉著幽默的方式，將所有的不滿和不快用一笑帶過，就是懂得「用幽默可破沉默」的人，也是處世圓融的人。

面對不如意的事情，最好能用幽默的心情坦然接受。

羅曼諾索夫是十八世紀俄國偉大的學者、詩人和教育家，為了發展俄國的科學事業，不斷與科學院的官僚勢力和上層貴族鬥爭。有一天，他和宮廷貴族舒瓦羅夫伯爵因為一個問題爭吵起來，彼此都出言不遜。伯爵自恃地位顯赫，惱羞成怒地嚷道：「我要把你開除出科學院！」

羅曼諾索夫反倒神色泰然地回答：「請您原諒，無論怎樣，你也絕不能把科學從我身上開除出去！」

詩人薩克雷曾經說過：「可以這麼說，詼諧幽默是人們在處理人際關係時，所穿的最漂亮的服飾。」

其實，幽默是人的情感最自然的流露，直接聯結在對方的本性上，它不僅可以像潤滑油一樣滋潤你的人際關係，也可以讓你處世更加圓融。

為了跑到新聞，美國知名的記者哈里・羅曼諾夫常常不擇手段，使用他的絕招，在電話裡騙新聞。

有一次，聽說在某地發生了員警和罪犯的槍戰，一些員警受了傷，被送到一家醫院治療。哈里·羅曼諾夫得知這個獨家新聞以後，立刻冒充警察局長，準備「誆騙」新聞。他打電話到這家醫院之後，裝模作樣問道：「我是警察局長，你們那裡現在的情況怎麼樣？」

對方十分耐心地向「警察局長」報告情況，介紹了不少別人還不知道的消息。哈里·羅曼諾夫非常感動，打算在自己的報導裡把這位訊息提供者的姓名公佈出來，於是，便很客氣地說：「謝謝你！請問，你是哪一位？能告訴我你的姓名和職業嗎？」

結果，對方的回答令哈里·羅曼諾夫大吃一驚：「我是警察局長菲茨莫里斯，親愛的『警察局長』先生。」

古羅馬思想家西塞羅曾經寫道：「幽默會給人帶來歡樂，而且，常常可以產生巨大的作用。」

的確，幽默不僅能令人開懷，而且還常有潤滑的妙用，可以化解尷尬，打破沉默，讓你跟別人交際的過程中增添光彩。

　　不管是快要被開除的羅曼諾索夫，還是被冒用頭銜的警察局長，碰到攻擊自己或利用自己的人時，卻能適時發揮幽默感，平心靜氣和對方開玩笑。這樣的人能了解自己情緒變化，也能控制自己的情緒，不因挫折而沮喪，幽默指數高的人，就具有這樣的特質。

　　幽默的人自覺性高、自主性強、樂觀向上，喜歡幫助別人。他們碰到情緒問題時，不會一下子爆發，反而能從問題點尋找發洩的管道，苦中作樂，享受一個沒有悲苦的人生。

善用文字遊戲，讓人無從抵禦

運用文字遊戲的方式，表達出更加令人深省的學問，顛倒有理，深度加倍，這就是幽默帶來的力量。

甲說：「世界上沒有絕對的東西，你說是嗎？」

乙答：「是的，你說的話絕對正確。」

文字的奧妙，能夠使很多語言在形式上是否定的，可是眞正的含意卻是肯定的。光明正大佔人便宜，對方卻莫可奈何，這是運用文字遊戲的最高境界。

美國著名小說家馬克・吐溫在小說《鍍金時代》裡揭露了美國政府的腐敗，

和政客、資本家的卑鄙無恥。

小說才推出就引起轟動，有不少記者前來訪問，當他們問到，對國會有何看法時，馬克・吐溫回答：「在美國國會中，有些議員是狗婊子養的。」

這句話一說出，所有報紙紛紛轉載，全國譁然，連國外報刊也刊登了這則消息。美國國會議員為此暴怒起來，群起圍攻，堅決要求馬克・吐溫公開澄清問題並道歉，否則將採用法律手段。

過了幾天，馬克・吐溫終於在《紐約時報》上刊登致聯邦議員的「道歉啟事」，內容寫著：「日前鄙人在酒會回答記者問題時發言，說：『美國國會中有些議員是狗婊子養的。』事後有人向我興師問罪。我考慮再三，覺得此話不恰當，而且不符合事實。故特此登報聲明，把我的話修改如下：『美國國會中，有些議員不是狗婊子養的。』」

世界著名繪畫大師畢卡索畢生反對侵略戰爭。

第二次世界大戰期間，德國軍人經常出入位於巴黎的畢卡索藝術館，這些不速之客當然受到畢卡索冷漠的對待。

有一次，畢卡索發給每個德國軍人一幅他的名畫「格爾尼卡」的複製品，這幅畫描繪了西班牙城市格爾尼卡遭到德軍轟炸後的慘狀。

一位德軍軍官指著這幅畫問畢卡索：「這是您的傑作嗎？」

「不，」畢卡索嚴肅地說：「這是你們的傑作！」

馬克．吐溫表面是屈服於國會壓力，不得不寫了一則道歉啟事，但是實際上，那些議員再度被他嘲諷了一番，「有些是」，則表示有些不是，「有些不是」，則意味著有些是，結果都一樣，國會的議員的確是狗婊子養的。畢卡索則巧妙轉換角度，暗諷德軍帶來的戰後破壞。

運用文字遊戲的方式，表達出更加令人深省的學問，顛倒有理，深度加倍，這就是幽默帶來的力量。

把別人的噓聲變成掌聲

演講者面對惡意破壞所做的機智反應，由於幽默意味十足，也能造就演講的另一個高潮，讓人意猶未盡。

美國專欄作家盧克瑟，某次參加匹茲堡新聞俱樂部午餐會。會上他應邀上台講話。

他首先站起來向主席道茲先生敬禮，然後問道：「我可以講多長時間？」

主席笑嘻嘻地回答說：「這並沒有限制，你願意講多久就講多久，就看您的興致了。不過，我們大家吃完飯之後，就會自動離開。」

每個人一生中難免碰上幾次上台講話的機會，可能是教室裡、宴會上、辦公室，或者其他社交場合，這件事對於很多人來說，都是極大挑戰。

在演講中，因主題關係有時避免不了長篇大論，就算言之有物，也難免讓人感到疲倦，無法集中注意力，甚至私下聊起天來。這時候，適度穿插相關的「幽默」話題，才能讓人提振精神。

美國前國務卿季辛吉在某次宴會中致詞，當他發現底下一直傳來竊竊私語聲時，突然說：「各位外交官先生，你們的周圍都是新聞記者，說話得要留神；各位記者先生，你們的身邊都是外交官，對他們說的話別太認真了。」

這樣一句幽默的話，不但解決了噪音問題，還可以製造趣味氣氛，眞是一舉兩得。

然而，並不是每個聽衆都有一定水準和度量，面對不喜歡的議題，可能做出不禮貌的反應，面對噓聲時，又該如何應對呢？看看下面這個例子吧！

某次，英國作家查理斯・蘭姆應邀向公眾演說。在演說進行中，有幾個人故意搗亂，發出「噓噓」的怪聲。

作家說著說著突然話鋒一轉，說道：「據我所知，只有三種東西會發出噓噓聲，那就是蛇、鵞鳥和傻子。你們幾位能到台前來，讓我認識一下，是這三種東西的哪一種嗎？」

台下的噓噓聲頓時消失，同時爆出滿堂掌聲。

以子之矛攻子之盾，就是演講者面對惡意破壞所做的機智反應，由於幽默意味十足，也能造就演講的另一個高潮。

最後，要讓演講漂亮結束，讓人意猶未盡，說幾句輕鬆話，就能令人印象深刻。

「今天的愛情心理就講到這裡，只要照我說的去做，保證你們個個打光棍，當然這是絕對不可能的。」

「今天，我談了城市發展的未來前景，我堅信未來五十年後，在座的各位都有一輛小轎車。不過，今天還得委屈各位去擠公共汽車了。」

「今天晚上離開時，希望大家記住一件事——你的停車位置。」

講台上的幽默有太多的學問，最重要的，還是事前的準備。確定演講的主題、蒐集資料，了解自己的聽衆，不管是年齡層、知識程度、行業等等，都是事前必須做到的功課。

只要準備充足，再加上適度的幽默感，必能完成一場精采的演講。

用歡笑代替氣惱

碰到尷尬的情況，用不同的情緒去面對，就會有不同的結果，用幽默心情帶過，笑聲可以解決氣惱。

有一個督學來到郊區一所小學視察，其中一班的學生特別吵鬧，讓他非常不高興。他氣沖沖地走進教室，抓住一個吵得最大聲、也長得最高的人，拉到教室外警告他說：「站著別動，直到你悔過為止。」

督學說完就走進教室，向其他學生訓話一番後，一個小孩走上前來。

「先生，」只聽他說道：「可不可以把我們的老師放了，還給我們？」

試想，這位督學該如何應付這種尷尬場面呢？

如果他有點幽默感，就會設法適時幽自己一默，如果沒有幽默感，恐怕就得陷在難堪的窘境之中，不知如何是好了。

面對窘境，不妨試著發揮自己機智，如果你懂得發揮創意，勇於幽自己一默，許多難題都會迎刃而解。

幽默的形式有很多種，是無所不在的，事情發生的當下，或許不覺得有什麼好笑，甚至感到丟臉。一旦事過境遷，隨著心態轉變，幽默感發揮作用，就會讓你舒坦許多。

有兩家鄰居，一戶姓王，一戶姓李。王家媳婦聰明伶俐，常常受到鄰人的讚揚，李家媳婦聽了，總是酸溜溜的，心想：「哼，我比她不知聰明多少呢！只是沒人發現而已。」

有一天，王家媳婦見有人在家門打她家的耕牛，連忙趕了出來，對那人罵道：「我家這頭牛，是北京來的牛，你打死我的牛，我要你做我的牛！」

那人聽了，連忙向她賠不是。

李家的男人將這件事告訴了妻子，又誇獎王家媳婦一番。

李家媳婦不以為然地說：「這樣的話，誰不會說呀？」

過了幾天，李家媳婦見丈夫在家門前跟一個人打架，立即衝出門來，指著那人大罵：「我家丈夫，是北京來的丈夫，你打死了我的丈夫，我要你做我的丈夫！」

旁人一聽，笑得眼淚也流了出來。

有一天，張秀才去拜訪侯秀才，恰好侯秀才有事出了門，他正要告辭時，侯太太彬彬有禮地問：「先生貴姓？」

張秀才答道：「小姓張。」

侯太太又問：「是弓長張，還是立早章？」

張秀才畢恭畢敬地回答：「弓長張。」

侯太太跟著又問：「張先生用過午膳了嗎？」

張秀才點頭表示用過了。

侯太太見了立即端上茶來說：「張先生，茶粗水淡，您就將就用點吧！」

張秀才回到家裡，向妻子說起這事，稱讚了侯太太一番。

妻子不以為然地說：「這有什麼了不起的，難道我就不會說嗎？」

過了幾天，侯秀才來回拜，張秀才客氣地把侯秀才迎進門來，張太太趕緊上前問道：「先生貴姓？」

侯秀才回答說：「小姓侯。」

張太太跟著問：「您是姓公猴的猴，還是母猴的猴？」

侯秀才聽了，忍不住哈哈大笑！

如果家中有這樣的「寶貝蛋」，笑聲必會多過斥責聲。生活中的每一天，我們都會有喜、怒、哀、樂不同的情緒。碰到尷尬的情況，用不同的情緒去面對，就會有不同的結果。

弄「拙」了事不打緊，用幽默心情「巧妙」帶過，笑聲可以解決氣惱。

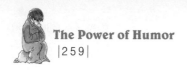

過於省略，容易造成誤會

說話過於簡潔也容易造成誤會，萬一犯了對方的禁忌，就不是一件好事。適當的言詞，才能產生適當的「笑」果。

有一個人要出遠門，又怕有人登門拜訪，就囑咐他兒子說：「如果有人問你令尊在否，你就說他有事外出，請那客人進來坐一會兒，為他送上一杯茶。」那人知道兒子一向很傻，怕他忘了，還特地將這三點寫在紙上交給他。

兒子把紙放在衣袖裡，常常取出來看，生怕忘了。

可是到了第三天，連個客人也沒有，他認為這紙沒用處了，索性就燒掉了。

沒想到第四天忽然來了一個客人，問他：「令尊在嗎？」

他摸摸衣袖，找不到那張紙，就說：「沒有了。」

客人一嚇，急忙問：「幾時沒有的？」

他回答：「昨夜燒掉的。」

說話之時，如果沒有注意前後主詞，就很容易鬧出笑話來，這也是生活趣味的一面。

雖然要儘量避免這類型誤會，但是也不妨享受一下其中帶來的樂趣。

從前，有個酒鬼昏官，從來不問政事，一天到晚杯不離手。

某天，昏官在後堂喝得醉醺醺的，突然聽到有人擊鼓告狀，立即放下酒杯，踉踉蹌蹌地出來升堂。

一見擊鼓鳴冤的是個窮老百姓，氣他掃了酒興，昏官把驚堂木一拍，喝道：「公堂之地，鬼哭神號，成何體統！來人啊，給我狠狠地打！」

差役們七手八腳將那窮百姓拖下去按倒，一個差役舉起板子正要開打，突然又放了下來，轉身向昏官稟道：「老爺，要打多少呀？」

昏官瞇著朦朧的醉眼，伸出三個指頭，不疾不徐地說：「不可多打，也不可少打，給我打三斤吧！」

有個年邁的父親為自己的呆兒子娶了一房好媳婦。拜完堂，入了洞房後，兒子覺得新奇又不知所措，就問媳婦：「呵呵，我該叫妳什麼呢？」

妻子又好氣又好笑，就回了一句：「閻王爺。」

熄了燈後，夫妻各睡一頭。妻子見丈夫毫無動靜，就用腳去勾他。呆兒被勾醒後，不知如何是好，只好向睡在隔壁房間的父親「討救兵」。

他大喊：「爹，快來啊！閻王爺在勾我。」

他爹一聽是閻王勾魂，嚇了一跳，就大聲請求說：「閻王爺啊閻王爺，我兒子還年輕，我已經老了，要勾就勾我吧。」

從前有個農夫，為人老實憨厚，入贅給隔壁鄉一戶人家當女婿，鄰人都叫他做「姐夫」。

某一次，有個惡棍欺負他是外地人，就將他家的看門狗打死，拖去煮了吃。他氣憤不過，便要到縣衙門告官。臨走前，請村裡一名秀才替他寫狀子。秀才問他叫什麼名字，他說：「我自幼是個孤兒，連個名字也沒有，自從入贅後，大家都叫我『姐夫』，你寫『姐夫』就得啦！」

第二天早上，農夫來到縣衙門，把狀子呈上。縣官看了狀子，把驚堂木一拍，喊道：「傳姐夫上堂！」

眾衙役聽了，便齊聲吆喝著：「傳姑爺上堂！」

縣官一聽，勃然大怒，斥道：「我說傳姐夫，誰叫你們傳姑爺？混帳！」

衙役們慌忙地分辯說：「既然是老爺的姐夫，我等就該稱姑爺啦！」

不管是「被燒掉」的父親、「打三斤」的板子、勾魂「閻羅王」，還是縣官的「姐夫」，這類說話過於省略而造成的笑話，常讓人忍不住哈哈大笑。

相對的，過於簡潔也容易造成誤會，萬一犯了對方的禁忌，就不是一件好事。適當的言詞，才能產生適當的「笑」果。

裝糊塗，才能扮豬吃老虎

真正的高手，是深藏不露的，把自己看得笨拙些，其實是一種更高明的境界，將智慧藏起來，才是大智若愚的幽默法寶。

有個北方人到南方做官，某次出席宴會，席上擺有菱角。他從來沒有見過這東西，便連殼一起放進嘴裡咬了下去，結果「啪」的一聲，牙差點沒咬斷。

同席有個人偷偷告訴他：「菱角要去掉殼才能吃呀！」

北方人知道自己出了洋相，連忙掩飾道：「我當然知道要把殼去掉，我之所以連殼一起吃掉，是想清清腸胃裡的熱毒呀！難道你們不知道菱殼有清熱解毒的效果嗎？真是沒知識！」

那個人聽了，好生奇怪，就問：「北方也有菱角嗎？」

北方人為了不失面子，繼續胡謅說：「這東西北方可多了，前山後山，遍嶺滿坡都長著哩！」

菱角是在水中生長的植物，北方人對菱角生長的描述，無疑是自曝其短。再有學問的人，也不可能盡知天下事，面對未知的人事物時，必定要多點謹慎，先觀察情況，再決定下一步該如何應對。扮豬吃老虎，有時候也是大智若愚的幽默表現。

有個財主聽到許多關於阿凡提的傳聞，又看見那麼多人崇拜他，非常不以為然。於是，便騎著馬，趕了大老遠的路，就為了找阿凡提鬥智。

第二天上午，財主看到一位農人正吆喝驢子犁地，便大聲喊他：「喂，聽說你們這兒有個阿凡提是嗎？我是來找他鬥智的，你去把他叫來吧！」

農人慢條斯理答道：「阿凡提為人又狡詐，小心上當啊！」

財主沒好氣地說：「你快把他叫來，我就讓他出醜給你瞧瞧！」

農人高興地說：「好，你就在這裡替我看看毛驢和犁，我立即騎你的馬去把他找來！」財主一口答應，農人便騎上財主的馬，一溜煙跑了。

財主一直等到天黑，卻不見農人身影，只好騎上那頭慢吞吞的毛驢進城裡投宿。

第二天一早，財主在城裡看見農人，大罵他是個騙子，農人笑道：「告訴你，我就是你要找的那個阿凡提呀！」

財主一聽，羞得無地自容，趕忙溜走。

漫畫劇情中，一個最常見的現象就是，越是能力差的對手，在開始作戰之前，必定大肆宣揚自己的能力！

眞正的高手是深藏不露的，愚蠢又自大的行爲，只會加快失敗的速度。有時候把自己看得笨拙些，自認糊塗，其實是一種更高明的境界。

幽默家並不把智慧放在臉上，而是將智慧藏起來，假裝癡呆，故說蠢言，這才是大智若愚的幽默法寶。

不能開罵，就含蓄表達

面對不能直說的話，又不想昧著良心說謊，含蓄表達不失耐人尋味的方法，除了表現說話技巧外，也考驗聽眾的理解力和想像力。

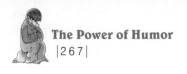

一對剛結婚沒多久的年輕夫妻，在汽車旅館訂了一間房間，妻子在床邊發現一個小盒子，問丈夫說：「這是幹什麼用的？」

「如果你投下十元硬幣，」他一面伸手進口袋取出十塊錢，一面回答：「這床鋪就會震動。」

「別浪費！」妻子羞紅臉，笑著說：「我也會動。」

簡單的一句「我也會動」，暗藏無限春色，其中的刺激程度，就看每個人的想像力而定了！把重點隱藏起來，話說得不明顯、有些模糊，卻能讓人明白意思，就是一種含蓄的說話方法，也是幽默的一大技巧。

從前有兩個腦袋不怎麼靈光的考生，相約一同上京趕考。一天，兩人經過一座山，看見山上有一座廟，決定燒香許願，求神明保佑他們高中。

廟門上方高懸著一塊匾，寫著「太祖廟」。不知怎麼搞的，這兩個考生卻誤看為「大姐廟」。到「大姐廟」燒香許願，該供什麼呢？兩人想來想去，最後決定買幾尺上好的綢緞，請人做一套鳳冠霞帔，再買些脂粉和頭花來。

等到一切準備就緒，兩個考生馬上帶著這些供品走進廟裡。一看神像，他們兩個都愣住了，神位上坐的哪裡是大姐？明明是一位蓄著長鬍的紅臉大漢，手拿盤龍棍威風凜凜地坐在馬上哩！

其中一個人腦子轉得快，「大概大姐有事外出，留下大姐夫看廟吧！」

於是，他們一個給趙太祖塗脂抹粉，一個給趙太祖穿霞帔戴鳳冠。忙完之後，他倆雙雙跪下，禱告道：「願大姐夫保佑我倆金榜題名！」

轉眼到了三月三日，是王母娘娘設蟠桃宴會各路神仙的大日子，趙太祖也應邀前往。神仙們見趙太祖竟然這般打扮前來赴宴，都笑得彎腰，連頭上的帽子也被震得東倒西歪的。趙太祖只好說：「我也不知是怎麼回事，只知道是兩個姓『白』的『小舅子』替我穿戴上的！」

身爲高高在上的神明，爲了維持該有的形象，就算趙太祖再怎麼無奈，也不能用「國罵」來發洩情緒。不過，他倒是含蓄的表達出心中無奈。

姓「白」，實乃「白癡」也；「小舅子」，一方面自嘲自己「姐夫」身分，也再一次質疑兩個考生的智商出問題。

面對不能直說的話，又不想昧著良心說謊，含蓄表達不失耐人尋味的方法，除了表現說話技巧、水準外，也考驗聽眾的理解力和想像力。

最受普魯士國王腓特烈二世寵幸的一名宮女消失一段時間後，又在宮廷裡露面了，有關她消失原因的傳聞使她大為懊惱。

有一次，她向當時正借住在宮廷裡的哲學家伏爾泰抱怨：「他們議論我，說我離開宮廷是為了到鄉下生一對雙胞胎。」

「什麼也別相信，他們盡是胡說八道。」伏爾泰安慰她說：「別為那些謠言煩惱，在宮廷聽到的話，我只信一半。」

「只信一半」，一方面要宮女對傳言別太認真，另一方面也暗指，或許她眞的躲起來生了一個孩子也不一定。

這樣說法可說是高明又幽默，讓人回味無窮。

PART 8

幽默回應，可巧妙改變處境

與其軟弱地保持沉默、不知所措，或者不近人情破口大罵，倒不如巧妙改變自身處境，可以讓人輕鬆解決問題。

傳達真情能縮短心理距離

幽默能縮短彼此的「心理距離」，用「真情」讓對方接受自己，端看你要動之以「感性之情」還是「憤怒之情」。

有個編劇應邀寫了一齣電影劇本，內容描寫一個偵探故事。

某天，編劇的老婆走進房間，發現他一動也不動地坐著，臉上流著兩行淚。

「老金被殺死了！」編劇對老婆說。

老金是故事中的主角。

「可是，老公，這個故事是你編的，你不是早就知道會發生這件事嗎？」老婆有一些疑惑。

「我知道，可是這個老人死得太慘了！」他哀傷地說。

感性的力量往往大於一切，就算是喜劇也能賺人熱淚。

當我們面對頑固的對象，無法以道理讓他接受自己的想法時，就應該對他「動之以情」，用感性來征服他。

當然，在這之前，必須縮短彼此的距離，打破對方的戒心和防備。這時候，幽默就是最好的方法。

美國著名作家馬克・吐溫在法國旅行。

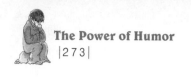

有一次，他乘火車要到第戎去，上車後，覺得很疲倦，想睡覺一會兒，就囑咐列車員，火車到達第戎時務必叫醒他。他聲明，自己是一個酣睡之後就不容易醒的人，再三提醒列車員：「你叫醒我的時候，我可能會對你大發脾氣，不過你不要理會，無論如何，拖也要把我拖下車去。」

說完，馬克・吐溫就倒頭睡去。

過了一段時間，當他醒來，火車已經到達巴黎了，他肯定火車到達第戎的時候，列車員忘記叫醒他了，因而非常生氣，跑到列車員面前大發雷霆。

「在我一生中還從來沒有這樣發過脾氣。」馬克・吐溫說。

列車員平靜地看著他說：「先生，列車到達第戎時，我拖一個美國人下車，他對我發了一頓脾氣，你現在發的還不及那個美國人的一半哩！」

當場面尷尬的時候，最重要的就是用幽默的話語化解難堪。這個時候，如果懂得發揮幽默感，說些風趣詼諧的話語，就可以化解原本僵滯的場面。

列車長把一個不該下車的人硬拉下車了！聽到這樣的回答，馬克・吐溫或許不知該氣還是該笑吧！

除此之外，「動之以情」還有另一種呈現手法，就是運用恐嚇手段！

有些人「吃硬不吃軟」，愈是客氣，愈把你吃得死死的。恐嚇、威嚇，同樣是動「情」的方法，只不過是「憤怒之情」。

一個全身肥胖的紳士，邁著大步走到公車站牌旁的涼椅，在一個瘦小的男人旁邊坐下。他無視於「禁菸」的標語，拿起一支特大號的香菸，問身旁的人說：

「抽支菸，不要緊吧？」

「不要緊！」那男子提高音量說：「如果你惹我生氣也不要緊的話。」

最後一個回答，看似幽默，又充滿恐嚇意味，比直接教訓別人：「你眼睛長到背後去啦，難道沒看到『禁菸』標誌嗎？」要來的讓人接受。

幽默能縮短彼此的「心理距離」，用「真情」讓對方接受自己，端看你要動之以「感性之情」還是「憤怒之情」。

幽默回應，可巧妙改變處境

與其軟弱地保持沉默、不知所措，或者不近人情破口大罵，倒不如巧妙改變自身處境，可以讓人輕鬆解決問題。

早上七點，丈夫悄悄從外面回來，才躡手躡腳打開門，就看見發怒的妻子正坐在沙發上等他。

「說，你打算怎麼解釋！」妻子問。

「喔，我昨天打電話告訴妳會比較晚下班後，便開車送女秘書回公寓，她還順便邀我上樓去喝一杯咖啡。」疲倦的丈夫說：「之後，她變得非常客氣，最後我們決定共睡一床。」

「你騙我，」太太大聲說：「你一定又跑去打牌。」

丈夫深知妻子是個疑心病重的大醋罈，就算說實話也不一定相信，所以選擇這個「誇張的理由」來做交代，真正偷腥的人是不會自己報告的。

有時候我們會遇到一些難以解決的問題，可能找不到合適的回應，或者對方太煩人，又得和他和平相處，這時候將話題巧妙轉開，換個緩和的方式帶過，就能輕鬆解決危機。

劇作家蕭伯納因脊椎骨的毛病，打算從腳跟上截一塊骨頭來補損。手術前，醫生見他是個名人，想趁機敲他一筆，於是對他說道：「蕭伯納先生，這是我從未做過的新手術，費用會高一些。」

蕭伯納風趣地笑著說：「那好極了，你打算付給我多少試驗費呀？」

英國大版畫家兼名詩人威廉・布萊克一生製作了大量鋼版插圖，也創作過不少高水準的詩歌。如同許多藝術家一樣，他對藝術世界迷戀得近乎癡醉，常常沉

緬其中忘記現實。

有一次，布萊克和他的妻子凱薩琳模仿彌爾頓《失樂園》中描繪的情景，一絲不掛地坐在他們的花園裡，忘情地朗誦著《失樂園》裡的詩句。

這時，突然有客人來訪，看見對方尷尬神情，布萊克毫不窘迫地對客人喊道：「請進！這兒只有亞當和夏娃。」

愛因斯坦還沒出名的時候，有一次在紐約街上碰到一位熟人，那人見他衣著打扮寒酸，就問：「你怎麼穿得這麼破舊？」

愛因斯坦笑著回答：「反正這裡也沒人認識我。」

幾年之後，愛因斯坦成了科學界的「大明星」了，有一天，在紐約街頭，又碰到那個熟人。

那人一見便驚訝地問他：「你現在怎麼還穿得如此破舊？」

愛因斯坦又是笑著回答說：「反正這裡的人都已經認識我了。」

行事風趣幽默的佛洛斯特是美國頗負聲譽的詩人。他的作品，筆調清新簡練，善於描寫自然風光。

有一年夏天，佛洛斯特到郊外一位朋友家中作客，晚飯後，客人們都到陽台上納涼。

佛洛斯特喜歡清靜，獨自拉了一張藤椅到角落閉目養神，一位衣著入時的女人走來對他說：「詩人，你看這晚霞，真美！還有這餘暉……」

佛洛斯特覺得這個附庸風雅、喜歡賣弄的女人實在太不識趣，便站起來躬身答道：「夫人，您說的是！不過，我在飯後向來不談公事。」

運用幽默的方式將目標轉移，不但不傷人，還可以讓對方理解和尊重，除此之外，也能讓自討沒趣的人停止無聊行爲。

與其軟弱地保持沉默、不知所措，或者不近人情破口大罵，倒不如巧妙改變自身處境，運用幽默的方式轉移話題，可以讓人輕鬆解決問題。

發揮幽默功力，把自己推銷出去

如果你失業在家、人緣不佳，或是到目前還是孤家寡人一個，趕快發揮「幽默」的功力把自己推銷出去吧！

小龍做了一個夢，夢見和撒旦打鬥，漸居下風，節節敗退，危急之際，無意間見到身旁擺著一本《聖經》，不加思索，立即拿起來用力朝撒旦扔過去，只見那《聖經》不斷膨脹，並且自動張開，一下子就把撒旦吞了！

正當小龍為自己的機智洋洋得意時，突然「碰」的一聲巨響，撒旦安然無恙地跳出來，隨手把《聖經》撕得粉碎，不屑地對小龍說：「這是盜版貨！」

好萊塢巨星，美國前加州州長的阿諾史瓦辛格，曾和國際影星成龍一起合作的反盜版廣告，兩個人騎著重型機車在槍林彈雨中一邊閃躲，一邊宣導反盜版理念。這個廣告除了演員大牌外，實在無法讓人留下深刻印象。

如果今天阿諾史瓦辛格扮演「撒旦」，成龍當「小龍」，這個「反盜版」的廣告，保證風靡全球，讓人留下深刻印象。

美國紐約一家肥皂廠老闆費什，為了替自己的產品做廣告，利用紐約最好的劇院作為媒介達到目的，還特地重金收買當地一位歌劇女演員，讓她在莎士比亞的《馬克白》一劇中飾演女主角。費什開出的條件是：必須在歌劇演出時，於台詞中出現一句「費什」。

當晚，劇中的馬克白夫人在台上表演到謀殺一幕，正要擦拭那假想出來的血跡，使坐在台下導演和觀眾們大驚失色的是，這位女主角竟然說道：「啊！假如現在我手裡有一塊費什公司生產的肥皂，就能很快洗淨這塊血跡，並擺脫這個痛苦了！」

現今有那麼多的廣告，要怎樣才能讓商品在消費者腦裡留下印象呢？在五花八門、琳瑯滿目的商品中，越是突出的商品形象，越容易引起觀眾的注意，這些廣告手法通常都有著豐富的「幽默感」。

比方，某個酒類廣告的劇情是，一位妙齡女子來到商場，踮著腳想拿下放在最上層的兩罐酒，可是不管怎麼努力，還是差那麼一點點。

這時候，來了一位男士，他的目光集中在女子因抬高手取物而露出的小蠻腰，當女主角用嫵媚的求救神色望著男子時，觀眾以爲要上演一齣「英雄救美」的好戲，結果竟然是男主角輕鬆拿下酒，一副不願與人分享的神情，快步離開，結局留下了目瞪口呆的女主角和電視機前面的觀眾。

這就是一個非常成功的廣告，不僅笑點十足，還充滿了異國風味的「幽默感」。如果最後劇情是「英雄救美」，兩人共享啤酒，就顯得老套多了。

不管我們要推銷自己、別人或商品，最重要就是讓人留下印象。參加過拍賣會的人，相信都能贊同這句話：「最會講笑話的人，往往不是喜劇演員，而是資深老練的推銷員。」

商品的好壞不是重點，推銷員的功力才是商品熱賣的關鍵。

就像杜魯門總統曾經說過的：「如果不能說服人，就混淆他的注意力。」

如果你失業在家、人緣不佳，或是到目前還是孤家寡人一個，趕快發揮「幽默」的功力把自己推銷出去吧！

靈活運用，幽默才會發揮功用

將不同的事物套在一起，用得好，可以幫助自己脫離困境；用得不好，一樣會有笑聲，不過可能惹惱某人。

一個剛學習駕駛的年輕軍官，把汽車開到十字路口時，號誌燈突然轉紅，汽車只好停在十字路口中間。

警察向他打手勢要他後退，但他不會倒車，只好把汽車繼續往前開。

警察對他吹哨，怒氣沖沖大步向他走去。

「這是一輛軍車，」軍官向警察解釋：「它只能前進，不知後退。」

軍官靈機一動的說詞，想必警察聽了也會哭笑不得。

幽默無時無刻存在生活中，很多時候都是現學現賣、隨機套用的。將不同的事物套在一起，用得好，可以幫助自己脫離困境，也可以製造歡笑；用得不好，一樣會有笑聲，不過可能惹惱某人。

有個人見兒子呆頭笨腦，決定帶他出門開開眼界，長長見識。這天，父子倆一起趕集，路過一座小橋，父親指著橋下的流水對兒子說：「這叫細水長流。」接著，來到一個村莊的村口，父親見一隻大黃狗抱著一塊骨頭在啃，又告訴兒子：「這叫狗啃骨頭。」

往前走了一段路，來到草灘上，遠遠就有一頭大牛跟一頭小牛犢在牴角，父親又說：「這叫大牛欺小牛。」

兒子從來沒有出過門，覺得所有的事情都很新鮮，大開眼界，長了不少見識。父親很高興，心想這趟出門沒有白跑，就叮囑兒子說：「我告訴你的事，要好好記住呀！」

終於走到市集上，父親帶兒子到一家飯館吃飯。父親口渴得要命，才剛坐下就猛喝白開水，兒子見了就說：「爹，要細水長流呀！」

父親聽了非常高興，心想兒子總算開竅了，學的話一下子就能用上，喝這白開水比糖水還要甜。喝完水，父親點了一盤排骨當下酒菜，兒子見他津津有味地啃著，不禁大聲地說：「看，狗啃骨頭啦！」

一旁的人聽了，捧著肚子大笑。

父親勃然大怒，猛地摑他一巴掌，兒子哭著說：「大牛欺小牛，嗚嗚！」

兒子的隨機套用，雖然惹惱了父親，卻充滿樂趣。

隨機的幽默，除了現學現賣，還有一種是利用一些與對方生活相關的事物，然後靈活運用，也能製造出打破沉默效果。

例如，某間學校的法律系上課時，教授發現少了幾名學生，便問班代：「這幾個人跑哪兒去了？」

班代站起來回答：「不知去向。」

教授聽了勃然大怒，大聲說道：「大膽，竟然連法律課也不上，如此『目無法紀』，快把名單列上來，不能讓他們『逍遙法外』！」

「目無法紀」和「逍遙法外」，都是法律上的常用詞，這個「法」卻有兩種涵義。一種是法律上的法，另一種是法律課的法。學生雖然犯的是「翹課」的法，教授卻巧妙連上「法律」的法，製造雙重的「笑」果。

生活中，我們也可以試著靈活運用，發揮隨機幽默，拉近自己和別人的距離。不過，千萬切記一點，要套用得天衣無縫才不會爲自己惹來麻煩！

笑看人生意外，使生活更愉快

用幽默的態度取代消極的情緒，與其因為受傷而自覺運氣差，倒不如從其中尋找一些樂趣。

有一個壽險顧問常常用以下的話提醒人們：「去投人壽保險吧。如果你的手指骨折了，可以得到一百萬新台幣；如果你的腳摔斷了，就擁有一千萬；如果頭破了或脖子被扭斷了，不用說，你將是台北市最富有的人。」

生活中，不少保險業務員鍥而不捨的努力精神實在值得敬佩，但是推銷手法卻讓人無法苟同，似乎詛咒客戶出事的樣子，一下子預言跌倒，一下子會出車禍，這只會讓客戶不想再聽下去。

同樣推銷保險，故事中的壽險顧問卻讓人感到愉悅，就算所舉的例子更加恐怖，卻讓人輕鬆接受，因爲，他用幽默解除顧客消極的心情。

一九八八年九月中旬的一天，歷史上第一位被太空碎物擊中的人出現了。那是瑞典一名七十七歲退休老農民柏森，當時他正在瑞典南部一座森林中砍樹，突然被天上掉下來的東西擊中手臂。

柏森的傷並不嚴重，只是右前臂受了一點輕傷。

他將擊中自己的碎片帶回去，經過分析，證明它是從一顆人造衛星上掉下來的，但是這顆衛星到底是什麼衛星，屬於哪個國家，則無法斷定。

事情公開後，記者們競相採訪柏森，其中一人問他有什麼感想，他說：「幸虧擊中我的碎片不大，不然，我就不會活著證明這件新鮮事了。」

有一天，阿凡提的老婆替他洗好一件襯衣，在院子裡的一根木樑上晾著。

傍晚，阿凡提筋疲力竭工作回來，走過院子，看也不看一眼就進了屋，倒頭呼呼大睡。

半夜，他突然醒來，走到外頭打算小解，才準備踏出家門，就看見一道白色身影站在院子裡。阿凡提直覺有賊闖入，就悄悄回到屋裡，從牆上取下火槍，瞄準白色身影開了一槍。因為天氣冷，襯衣早凍得像棒子一樣硬，咔嚓一聲從木樑上掉到地下。

槍聲驚醒了老婆，阿凡提見了她便說：「院子裡來了個賊，我打死他了，沒事了，妳繼續睡，屍首明天一早咱們再一起弄出去報官。」

天剛破曉，夫妻倆就走進院子，沒看見小賊的屍首，卻看見被打爛的白色襯衣躺在地上。阿凡提這才明白，那「打死」的原來是自己的襯衣。

阿凡提高興地對他老婆說：「老天實在有眼啊！要是開槍的時候，我自個還穿在它裡面，妳不就成了寡婦啦？」

人們面對意外發生，通常會有消極的情緒產生，一個消極的念頭，可能對人生歷程造成不良影響。

故事中的老農民不因天來橫禍而埋怨，反而爲自己能成爲第一位被太空碎物擊中的見證人而開心；阿凡提更是可愛，竟然爲了自己不在衣服裡頭而高興。兩人都能用幽默的態度取代消極的情緒。

與其因爲受傷而自覺運氣差，或是平白無故打爛一件衣服而大嘆不值得，倒不如像老農民和阿凡提一樣從其中尋找一些樂趣，畢竟樂觀、幽默的人比較受歡迎，日子也過得比較快樂，不是嗎？

借力使力能簡單達到目的

為了爭取自身利益，用些小手段是人之常情，但是要小心自打嘴巴的情況發生，否則就會戲言成真，鬧出笑話來。

在這個紛紛擾擾的時代，人與人之間充滿著爭執、衝突、競爭、交戰，許多無謂的爭執衝突，都是溝通不良引起的！

想要提昇自己的處世競爭力，做人做事一定要講究策略和技巧，幽默的話語不只可以替自己解圍，同時也是輕鬆溝通的工具。

有位漂亮的少婦獨自在公園散步，覺得有些累，便在樹下一張椅子坐著休息。她看了看，確定四下無人，就把鞋子脫了通風。後來，乾脆把一雙玉腿也伸上椅子，舒服地躺了下來，毫不在意幾乎春光外洩。

過了一會兒，一個全身髒兮兮的遊民走近她身邊，笑著說：「親愛的，我們一起去散步好嗎？」

「好大的膽子，我可不是那種勾三搭四的女人！」少婦怒氣沖沖地喝斥。

「那麼，妳跑到我床上來幹什麼？」遊民說。

很多事情的發生都有前因後果，受到不當對待時，仔細探究原因，通常和己身的行爲有關，就像蒼蠅會出現，必有吸引它的原因。少婦的確不是個隨便的人，但是她的行爲卻不夠謹愼，也難怪遊民會對她言語調戲。

抓住對方的把柄，進而借力使力，就能運用幽默感達成目的。

某天，阿凡提正在讀經文時，有個學生家長走進來，手裡提著一罈蜂蜜送給老師，阿凡提好奇地張大眼睛，想看看罈子裡裝些什麼。

老師發覺他在偷看，又不想把稀少又美味的蜂蜜和阿凡提分享，就連忙將蜂蜜放到碗架上去，然後嚴肅對他說：「阿凡提啊，這罈裡裝的是毒藥，任何人只要吃上一口就會立刻中毒死去，非常危險，千萬不可碰它！」

過了一會兒，老師有事出門了。阿凡提確定老師走遠後，就爬上碗架取下那罈「不知名」物品，打開一瞧，發現是蜂蜜時，口水直流，雖然想吃又擔心老師回來後會生氣，於是想出一條妙計。

他將老師的墨水瓶往地上一摔，弄得滿地碎片和墨汁，隨即取下那碗蜂蜜，又把別的學生送來的肉餅、烤餅和油條也拿了出來，蘸著蜂蜜津津有味地吃著。蜂蜜吃完，他又把碗舔得乾乾淨淨，放回原處。直到太陽下山，老師終於回來了，看見滿地碎片和墨汁，生氣問道：「阿凡提，墨水瓶是你打破的嗎？」

阿凡提假裝難過又驚慌地說：「我知道自己闖了大禍，怕您懲罰，所以就喝下了那罈毒藥，想在您回來之前死去。誰知道，我等了又等都沒死，真不知該如何是好呀！老師，您為什麼不遲點回來呢？再晚一點我就死了，這樣才能消您心頭的怒氣！」

老師一聽，馬上走到碗架拿下那罈蜂蜜，打開一看，果然被吃個精光，雖然心疼，卻無顏責怪阿凡提。

阿凡提不但幸運逃過一劫，還享受了一罈美味蜂蜜。

因爲欺騙在先，阿凡提的老師即使知道阿凡提只是假癡假傻，煞有其事地演戲，也找不到理由處罰阿凡提。如果一開始直接禁止阿凡提接近那罈蜂蜜，或許還有完好的蜂蜜等著自己享用。

爲了爭取自身利益，用些小手段是人之常情，但是要小心自打嘴巴、自取其辱的情況發生，否則假戲眞做，就會戲言成眞，鬧出笑話來。

癡人說蠢話，也是一種幽默手法

癡人說蠢話，其實也是一種幽默手法，只要能讓彼此從中得到樂趣，拉近彼此的，偶爾也可以用用！

老李的兒子小李，是國小三年級的學生。有一天，老李拿了小李的國文課本考兒子，一連問了九個問題，小李都答不出來。

老李生氣地說：「一問你三不知，要是以後再這樣，我就不給你飯吃。」

「什麼叫一問三不知？」小李問。

老李沒讀什麼書，哪裡能解釋這個典故，他只聽別人說過，便轉身問妻子，妻子也不知道。老李想了一會兒，硬掰說：「我想起來了，就是你不知、我不知，你媽也不知。」

眞癡眞呆的幽默，是幽默故事中常常使用的一種手法。其中的人物、對話、行爲，都非常誇張而且愚蠢，但是彼此都不知道自己的蠢言蠢行，只有讀者能一眼看出其中的荒謬之處。平常人應有的知識、常識中，在幽默故事裡卻成爲笑點，讓讀者在違背常理的情節中得到樂趣。

呆呆種的兩畝西瓜，長得又大又漂亮，任誰見了都忍不住流口水。一天晚上，有個小偷到他的瓜地裡偷瓜。

小偷剛摘下一顆瓜，就被呆呆抓住了，呆呆正想揍他一頓，轉念一想，又把拳頭放下，對小偷斥喝道：「你說吧，願打還是願罰？」

小偷忙問：「怎麼個罰法？」

呆呆說：「人家都說我呆，現在我把呆賣給你！」

小偷一聽，高興地說：「我願罰，願罰！」

呆呆點點頭，鄭重地對小偷說：「記住，我已經把呆賣給你了，從今兒起，你就是呆呆！」

小偷暗自覺得好笑，連忙回答說：「記住了，記住了，我是呆呆！」說罷，轉身就想溜走。

呆呆立即將他叫住說：「如今你就是呆呆，這兩畝瓜田就是你的啦，還不留在這裡將瓜看住！」

一天，財主的兒子到鎮上辦事，回程看中了一架非常精美的雕花床，很想將它買下。誰知，他帶的錢不夠，於是立即回家去取，但是當他趕回來的時候，這床已被人買走了，不禁跺腳大嘆可惜。

賣主見狀，便安慰他說：「我還有一架更精美的雕花床哩，只是小了一點，客官不妨看看。」

財主兒子一看，這架小床果然比大的漂亮許多，高高興興地買了回去。

不過，這架小床真的很小，不管財主的兒子怎麼變換姿勢，就是無法完全躺下。於是，他借來一把鋸子，忍著疼痛將自己的兩隻腳鋸了下來，然後試著躺下，床不長不短，正好合適。

正當他得意洋洋的時候，財主走了進來，得知兒子的愚蠢舉動後，氣憤地罵道：「你這畜生，太糊塗啦！雙腳鋸了，會留下兩個疤，腦袋鋸了只有一個疤，你怎麼不想想，一個疤勝過兩個疤呀！」

呆呆把「呆」賣給小偷，已經讓人覺得愚蠢，沒想到最後還將瓜田也給了小偷！

富翁跟兒子的行爲，更是讓人目瞪口呆，把腳鋸了已經是不正常的行爲，原以爲富翁會說出一點有意義的話，誰知竟然是要兒子換成鋸「頭」！

現實生活中，雖然有些人物的言行舉止誇張又愚蠢，卻不讓人討厭，反而覺得他們笨得有點可愛。

癡人說蠢話，其實也是一種幽默手法，在表層看來，純屬娛樂，深究探討，還是有其意義存在，只要能讓彼此從中得到樂趣，拉近彼此的，偶爾也可以用用！

藉蠢笑話，說出心中的話

想要諷刺別人，或是打破彼此之間的沉默，不妨試著藉著這類蠢笑話，說出心中的話，將會有不錯的效果。

自古以來，就有一些蠢人出醜的笑話，尤其以嘲諷上位人士居多，這些笑話在諷刺的同時，也是教導被領導的人民，要有判斷力，能分辨出是與非、對與錯，而不是一味盲從。

從前有個縣官，從來不理民間疾苦，天天飽食終日，把自己養得白白胖胖。有一天，他乘坐轎子外出吃酒席，兩個轎夫扛得汗流浹背，上氣不接下氣。半路上，有個農婦正趕豬進城。

縣官見她養的豬又肥又大，便叫轎夫停下來，問道：「妳的豬長得這麼胖，餵的是什麼料呢？」

農婦答道：「農家哪有什麼好料，不就是野菜糟糠。牠們吃飽了就睡，睡醒了就吃，自然長得肥肥壯壯啦！」

縣官聽了把眼一瞪，斥道：「大膽刁婦，竟然瞞騙本官！豬如果不是頓頓吃山珍海味，怎麼會長得像我一樣胖？」

另一個縣官，判案糊裡糊塗，老百姓常常背地裡罵他「糊塗蟲」。糊塗縣官不知罵的是自己，反而責備捕役說：「老百姓天天在罵糊塗蟲，你為什麼不去捉拿？限你三天之內，捉三個糊塗蟲來，少一個也不行！」

捕役無奈，只好前去。

剛出城門，他就看見一個人頭頂包袱騎在馬上，便奇怪地問他為什麼不把包袱放在馬背上。那人回答，這樣做是為了讓馬省些氣力，捕役認定他是個糊塗蟲，就將他帶走。

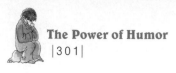

轉身回到城門口，捕役看見一個人拿著一根長竹竿要進城，豎著拿無法進去，橫著拿也無法進去，急得滿頭大汗，也把他帶走了。

至於第三個糊塗蟲，找了半天也找不到，捕役只得先將這兩個帶回去。來到公堂，縣官問明情況，對騎馬的說：「你頭頂著包袱騎在馬上，怎麼能減少對馬的壓力呢？真是個糊塗蟲！」跟著，他又對拿竹竿的說：「進不了城，為何不將竹竿截做兩段？你也是個糊塗蟲！」

捕役聽了大喜，連忙稟道：「第三個糊塗蟲也有了。」

縣官問他為什麼不捉來，捕役說：「等下一任縣太爺到來，我就去捉他！」

在明朝文人馮夢龍《笑府》的〈李老三〉一篇中，也曾做出和縣老爺類似的回答。然而，故事中的李老三卻是當地人信從的「智者」。在一群智力不夠發達的人民中，能提出一些方法的李老三，自然成爲當地人依從的對象。

在知識普遍、資訊發達的現代，人們有一定的常識和認知，面對「糊塗縣官」的政策，必有自己的看法和衡量，只不過，在混亂的世代中，人們可能因爲太多「混淆視聽」的傳聞、或者認爲自己只是個「小人物」，不足以影響大局而讓自身權益受損。

要有自信，認識自己的價值和影響力，不管在任何環境，都有雪亮雙眼和清澈腦袋，別讓「愚蠢」的人牽著鼻子走。

相對的，想要諷刺別人，或是打破彼此之間的沉默，不妨試著藉著這類蠢笑話，說出心中的話，將會有不錯的效果。

溝通大師

48

別讓不懂幽默毀了你

作　　者　塞德娜
社　　長　陳維都
藝術總監　黃聖文
編輯總監　王　凌
出 版 者　普天出版家族有限公司
　　　　　新北市汐止區康寧街 169 巷 25 號 6 樓
　　　　　TEL / (02) 26921935 (代表號)
　　　　　FAX / (02) 26959332
　　　　　E-mail：popular.press@msa.hinet.net
　　　　　http://www.popu.com.tw/
　　　　　郵政劃撥 19091443 陳維都帳戶
總 經 銷　旭昇圖書有限公司
　　　　　新北市中和區中山路二段 352 號 2F
　　　　　TEL / (02) 22451480 (代表號)
　　　　　FAX / (02) 22451479
　　　　　E-mail：s1686688@ms31.hinet.net
法律顧問　西華律師事務所・黃憲男律師
電腦排版　巨新電腦排版有限公司
印製裝訂　久裕印刷事業有限公司
出 版 日　2019 (民 108) 年 5 月第 1 版
ISBN◉978-986-389-616-6　　　條碼 9789863896166

國家圖書館出版品預行編目資料

別讓不懂幽默毀了你 /
塞德娜著.—第 1 版.—：新北市,普天出版
民 108.5 面； 公分. - (溝通大師；48)
ISBN◉978-986-389-616-6 (平裝)